ADAC TourBooks

Die schönsten Motorrad-Touren

Österreich

15 ausgewählte Traumrouten

INHALTSVERZEICHNIS

INHALTSVERZEICHNIS

Das Glück liegt auf der Straße

»Felix Austria – Glückliches Österreich, Du hast es besser.« Dieser Ausspruch soll sich einst auf die geschickte und konfliktvermeidende Heiratspolitik der Habsburger bezogen haben, könnte heutzutage aber das Credo aller auswärtigen Biker sein, die die Alpenrepublik mit dem Zweirad erkunden. Nirgendwo sonst macht Motorradfahren so viel Spaß wie in Österreich, das kann man

ohne Übertreibung sagen. Ein endloser Kurvenrausch erwartet uns, der durch die grandiosen Gebirgslandschaften und die heiteren Städte mit ihren reichen Kulturschätzen noch gesteigert wird.

Warm-up im Westen

Jedes einzelne Bundesland hat seinen ganz besonderen Charme. Wir starten in Vorarlberg, dem westlichsten der neun Länder. Montafon und Bregenzerwald lauten die verheißungsvollen Namen der Regionen, die hier touristisch den Ton angeben. Ein Highlight ist die Silvretta-Hochalpenstraße (Route 1), die sich als perfekte Genuss- und Trainingspiste präsentiert. Zum Verweilen lädt das hübsche Städtchen Bludenz ein.

Serpentinen Richtung Sonne

Sonnenverwöhnt geben sich die Bundesländer Tirol und Kärnten. Abgeschottet zwischen den Hohen Tauern im Norden und den Dolomiten sowie den einsamen Karawanken im Süden, haben Tiefdruckgebiete hier kaum Chancen, den Sommer zu trüben. Und so kann man bei meist herrlichem Sonnenschein den Steinadlern der Hohen Tauern nacheifern und sich schwerelos in höchste Höhen schwingen. Der Staller Sattel (Route 6), die legendäre Großglocknerstraße (Route 9), die Nockalmstraße (Route 10) sowie der fantastische Plöckenpass (Route 7) – um nur einige der Strecken-Highlights zu nennen – bieten viel Gelegenheit dazu.

Nach so vielen wunderbaren Kurven findet man angemessene Entspannung an irgendeinem idyllischen Seeufer. Immerhin liegen in Kärnten etwa 1250 Seen, darunter 200 einladende Badeseen, wie etwa der malerische Weißensee (Route 8). Auch das Salzburger Land ist ein Badeparadies (Route 12). Wegen der günstigen geografischen Lage kann man sich hier oft schon im Frühjahr in die erfrischenden Fluten wagen.

Lässiges Cruisen

Wer im Salzkammergut unterwegs ist, merkt sehr schnell: Es müssen nicht immer die höchsten Pässe sein, um himmlische Bikerfreuden zu genießen. Wundervoll Motorradwandern kann man

auch in den flacheren Landesteilen Österreichs, etwa in Ober- und Niederösterreich. Exkurse in die abgelegeneren Reviere des Mühlviertels (Route 13) und des Wald- und Weinviertels (Route 14) lohnen sich. Neben vielen kleinen, verschlungenen Nebenstraßen locken die Einsamkeit, die man hier inmitten der liebreizenden Landschaft erleben kann, aber auch kulturelle Höhepunkte

wie Stift Melk oder Linz, das als Europäische Kulturhauptstadt 2009 Besucher mit einem besonders attraktiven Kulturprogramm empfing.

Der Magen fährt mit

Viel Kultur, Tradition und vor allem Liebe steckt auch in der österreichischen Küche. Sie sollte man bei der Reise durch die Alpenrepublik keinesfalls links liegen lassen. Unzählige Gasthäuser locken entlang der Routen mit Spezialitäten wie Tiroler Gröstl, Schlutzkrapfen, Kärntner Kasnudeln und Marillenknödeln – um nur einige der landestypischen Köstlichkeiten zu nennen. Dazu werden natürlich oft hervorragende Weine serviert. Wie immer sind auch in diesem Band – neben den Strecken-Highlights sowie besonderen Sehenswürdigkeiten – herausragende Restaurants und Hotels mit einem ADAC TopTipp-Pfeil gekennzeichnet.

Kaffeespezialitäten und Kaffeehauskultur genießt man am besten in einer der größeren Städte, die in Österreich oft durch einen ganz eigenen Charme bestechen. In den Straßen von Klagenfurt, Innsbruck und Linz, aber auch Villach oder Gmünd findet man oft gar südländisches Flair. Liebreizend herausgeputzt, bezaubern die Orte bei allem Trubel mit alten Wehranlagen, mittelalterlichen Bauten und wunderschönen, historischen Bürgerhäusern aus der Jugendstilzeit. Hier findet sich ganz sicher ein wundervolles Plätzchen, an dem man eine leckere Eiswaffel bekommt oder an einem »Großen Braunen« genussvoll nippt. Der profane Begriff »Kaffee« ist natürlich in Österreich verpönt. Stattdessen gibt es unzählige Kaffeespezialitäten, mit den fantasievollsten Namen. Der wahrlich angenehme Kult rund um die schwarze, koffeinhaltige Bohne stammt aus jener längst vergangenen Zeit, als die Türken Österreich einnehmen wollten und auch Wien im Jahr 1526 intensiv belagerten.

Über den Tellerrand hinaus

Berge, Pässe, Kurven, Kultur und Gaumenfreuden: Wahrlich viel zu entdecken gibt es in Österreich, und nicht immer lassen sich alle Sehenswürdigkeiten und spannenden Strecken in einer zusammenhängenden Tour vereinen. Nehmen Sie sich daher auch Zeit für den einen oder anderen Abstecher, die wir in Kästen am Seitenrand hervorgehoben haben. Dann wird die Entdeckungsreise auf Österreichs Straßen zu einem rundum unvergesslichen Erlebnis.

Perfektes Warm-up

Montafon, Silvretta-Hochalpenstraße

1

ROUTE 1 — Vorarlberg – Perfektes Warm-up

Ⓐ **Ausgangsort**
Bludenz (A-6700)

Ⓔ **Zielort**
Bludenz (A-6700)

193 km ★★★★ ★★★

Straßentypen (in Prozent der Streckenlänge)

25 | 75

■ Landstraße/asphaltierte Nebenstraße
■ Bundesstraße/Schnellstraße

Pass-Überquerungen: 2

Diese Tour können Sie mit Route 2 und 3 kombinieren.

Vorarlberg Tourismus
Poststraße 11, Pf. 99
A-6850 Dornbirn
Tel. 00 43/(0)55 72/377 03 30
info@vorarlberg.travel
www.vorarlberg-travel

(➔ *weitere Adressen siehe Seite 182*)

Vorarlberg ist, sieht man von Wien einmal ab, das kleinste Bundesland Österreichs. Und die Natur hat den westlichsten Zipfel Österreichs mit viel Herrlichkeit bedacht. »Land der Kleinode« nennen die Vorarlberger ihre Heimat liebevoll. Und das gilt auch für die Motorradstrecken. Nicht zu anspruchsvoll und nicht zu einfach ist diese perfekte Aufwärmrunde, die über die beliebte Silvretta-Hochalpenstraße in luftige Höhen führt.

Route 1
Furkajoch
1759
Großes Walsertal
Schröcken
1676
Hochtann-
bergpass
Warth
198
Satteins
Schnifis
Blons
Sonntag
ÖSTERREICH
Steeg
Lech
A14
Marul
Lech
a. Arlberg
Kaisers
Kaiser Bach
Wetter-
spitze
2895
E60
Ludesch
Nenzing
190
Bludenz
Vorarlberg
Lech
8
1
Bürserberg
197
Innerbraz
Spullersee
Flexen-
pass
1773
Valluga
2809
Parseierspitze
3036
316
Pettneu
a. Arlberg
Flirsch
Zams
Klostertal
S16
Außerwald
Klösterle
Stuben
Alpe Rauz
Arlbergpass
1793
Dalaas
E60
7
Quadratsch
6
Landeck
188
Brandnertal
Brand
St. Anton
i. Montafon
2
Bartholomä-
berg
Arlberg-
tunnel
St.
Christoph
a. Arlberg
St. Anton
a. Arlberg
Hoher Riffler
3168
180
Tobadill
Zimba
2643
Vandans
Silbertal
3
Litz
Kaltenberg
2896
Verwallgruppe
Schesaplana
2965
9
Douglashütte
1980
1970
Lünersee
Schruns
4
Kappl
See
Sinsen
Tirol
Rätikon
Montafon
Maderer-
spitze
2769
Rosanna
Kuchenspitze
3148
Trisanna
St. Gallenkirch
Ischgl
Hexenkopf
3035
Vesulspitze
3089
Gaschurn
Stausee
Kops
SCHWEIZ
Partenen
Galtür
Mathon
Samnaungruppe
Inn
Gargellen
Top
Tipp
Silvretta-
Hochalpen-
straße
Pfunds
Madrisahorn
2826
Vermunt
Stausee
Samnaun
5
Bielerhöhe
2037
Vesilspitze
3097
Finstermünzpass
1087
Gr. Seehorn
3121
Silvretta
Stausee
Silvretta
Fluchthorn
3399
Muttler
3293
Nauders
Route
5 km
DEUTSCHLAND
CZ
SK
Linz
Wien
Salzburg
Bregenz
ÖSTERREICH
Innsbruck
Graz
HU
CH
ITALIEN
Klagenfurt
SVN

Tour-Stationen auf einen Blick

Tourlänge: 193 km

Nr.	Ort	PLZ	GPS-Koordinaten
(A)	Bludenz	A-6700	N 47 09.334 E 09 49.242
2	St. Anton	A-6771	N 47 07.035 E 09 51.549
3	Bartholomäberg	A-6780	N 47 05.546 E 09 54.442
4	Silbertal	A-6780	N 47 05.747 E 09 58.226
5	Schruns	A-6780	N 47 04.702 E 09 54.274
6	St. Gallenkirch	A-6791	N 47 01.256 E 09 58.370
7	Gaschurn	A-6793	N 46 59.307 E 10 01.440
8	Bielerhöhe	A-6563	N 46 55.083 E 10 05.726
9	Ischgl	A-6561	N 47 00.812 E 10 17.418
10	Tobadill	A-6551	N 47 07.868 E 10 30.325

Nr.	Ort	PLZ	GPS-Koordinaten
11	Flirsch	A-6572	N 47 08.759 E 10 24.681
12	St. Anton am Arlberg	A-6580	N 47 07.869 E 10 16.310
13	St. Christoph	A-6580	N 47 07.692 E 10 12.777
14	Alpe Rauz	A-6762	N 47 08.296 E 10 10.509
15	Bludenz	A-6700	N 47 08.696 E 09 49.876
16	Bürserberg	A-6707	N 47 08.521 E 09 46.672
17	Brand	A-6708	N 47 05.598 E 09 44.213
(E)	Bludenz	A-6700	N 47 09.334 E 09 49.242

Die Übersicht ist fortlaufend nummeriert und enthält neben den Etappenpunkten zur Orientierung ggf. weitere Orte entlang der Route; Referenzsystem der GPS-Koordinaten: WGS84.

1

6,5 km

190
188

Von Bludenz der Beschilderung Silvretta-Hochalpenstraße folgen und 6,5 km auf der 190 (später 188) bis St. Anton im Montafon fahren.

Strecke: *Gut ausgebaute Bundesstraße durch das touristisch geprägte Montafoner Tal.*

Info: Enge Gassen und hübsche Laubengänge sind typisch für das beschauliche Städtchen Bludenz. Ein Bummel und ein Kaffee mit Kuchen in einem der Straßencafés lohnt sich allemal. Bludenz ist das Tor zum Montafon, das sich von hier südwärts bis zur Silvretta erstreckt. Die höchste Erhebung in der Umgebung ist der 3312 m hohe Piz Buin in der Silvretta-Gruppe (www.montafon.at).

Tipp: Gleitschirmfliegen

Info: Grenzenlose Freiheit verspricht ein Gleitschirmflug in den Alpen. Wen es in die Lüfte zieht, der kann für wenig Geld Schnupperkurse buchen. Die Firma Flight Connection Arlberg etwa bietet diese im 15 km nordwestlich von Bludenz gelegenen Schnifis an. Nur mit telefonischer Voranmeldung.

Flight Connection Arlberg, Jagdbergstraße 54, A-6822 Schnifis, Tel. 00 43/(0)55 24/84 39, www.fca.at

2

12,5 km

–

In St. Anton links abbiegen, 12,5 km auf kleinen Straßen über Bartholomäberg bis nach Silbertal.

Strecke: *Herrlich kurvenreiche und selbst zur Hauptreisezeit oftmals einsame Panoramastraße mit Blick auf das Montafon.*

Info: Sehenswert ist die kleine im Jahr 1732 erbaute Hallenkirche St. Bartholomäus in Bartholomäberg mit ihren prächtigen barocken Altären unter einer wunderschönen hölzernen Kassettendecke.

Farbenfroher Frühling in Voralberg.

3
6,5 km
–

In Silbertal rechts abbiegen und 6,5 km hinab nach Schruns, durch den Ort und zur 188 fahren.

Strecke: *Kurvenreiche Landstraße am Bett des Flüsschens Litz entlang.*

Info: Schruns als einer der Hauptorte des Montafon lohnt einen Kurzbesuch mit Rundgang durch das Zentrum (www.schruns.at).

4
33,5 km
188

In Schruns links auf die 188 abbiegen und 33,5 km über St. Gallenkirch, Gaschurn und Partenen bis zur Bielerhöhe und zum Silvretta-Stausee.

TOP TIPP

Strecke: *Über die fantastische, mautpflichtige Silvretta-Hochalpenstraße schrauben wir uns hinauf zur Bielerhöhe (2037 m). Obgleich sehr gut und breit ausgebaut, gibt es entlang der Strecke viel zu entdecken. Richtig spannend und kehrenreich wird die Etappe ab Partenen.*

Info: Eine Bootsfahrt mit dem Motorboot über den Silvrettasee auf über 2000 m Seehöhe ist ein ganz besonderes Erlebnis. Die Runde dauert circa 30 Minuten und bietet eindrucksvolle Ausblicke auf die umliegende hochalpine Bergwelt. Auch Wanderer kürzen ihren Weg quer über den See gerne ab.

Juli–Sept. tgl. 9–16 Uhr, www.silvretta-bielerhoehe.at

5
43 km
188

Hinter der Bielerhöhe weiter auf der Silvretta-Hochalpenstraße (188) in Richtung Landeck, 43 km über Galtür und Ischgl bis nach Tobadill fahren.

Strecke: *Herrliche Panoramastrecke, nicht mehr so anspruchsvoll wie die Westrampe, sondern genüsslich und recht einfach zu fahren.*

Info: Die Silvretta-Hochalpenstraße zu Füßen des berühmten Piz Buin, dem mit 3312 m höchsten Gipfel Vorarlbergs, ist eine echte Traumstraße der Alpen. Anfänglich schlängelt sie sich eher sanft in vielen Kehren bis zu ihrem Scheitelpunkt. Durchweg gut ausgebaut, verlangt sie aber dennoch ein wenig Erfahrung.

Event-Tipp: Der große Parkplatz auf der Bielerhöhe direkt am mächtigen Silvretta-Stausee ist vor allem samstags und sonntags fest in Motorradfahrer-Hand. Technikgeplauder und das nicht unwichtige »Sehen-und-Gesehen-Werden« füllen rasch mehrere Stunden. Also unbedingt den Seitenständer ausklappen!

Restaurant- und Hotel-Tipp: Als ganz spontaner Bikertreff sehr beliebt ist der idyllische Berggasthof Piz Buin am Ufer des Silvretta-Stausees. Zimmer mit Ausblick auf den See.
Berggasthof Piz Buin, A-6563 Galtür, Tel. 00 43/(0)55 58/42 31, www.pizbuin-silvretta.at €

Überirdisch: der Silvretta-Stausee.

Ein Muss: der Motorradtreff an der Bielerhöhe.

Perfektes Trainingsgelände vor hochalpiner Kulisse: die Silvretta-Hochalpenstraße.

6
31 km
316
197

Bei Tobadill links, auf der 316 (später 197) über Flirsch und St. Anton 31 km bis St. Christoph.

***Strecke:** Über den in Sachen Fahrspaß eher enttäuschenden Arlbergpass (1793 m). Obwohl der Arlbergtunnel viel Verkehr von der 197 abzieht, bremsen die Geschwindigkeitsbeschränkungen das Vergnügen.*

7
31 km
197
S16

In St. Christoph geradeaus auf der 197/S16 an der Alpe Rauz vorbei und 31 km zurück nach Bludenz.

***Strecke:** Es geht schwungvoll auf gut ausgebauter Straße durch eine der bekanntesten Skiregionen Österreichs.*

Hotel- und Restaurant-Tipps: Das Biker-Hotel Berg-Klause in Stuben bietet angenehme Zimmer im Landhausstil. Kostenlose Unterstellplätze in der Tiefgarage sind vorhanden. Frühstücken kann man auf der Sonnenterrasse. Abends gibt es ein leckeres Biker-Buffet. Ebenfalls auf Biker eingestellt ist das Stadthotel Herzog Friedrich, das sich am Rand der Bludenzer Fußgängerzone befindet.

Alpengästehaus Berg-Klause, Egganaweg 59, A-6762 Stuben/Arlberg, Tel. 00 43/(0)55 82/551, www.berg-klause.at €

Hotel Herzog Friedrich, Mutterstraße 6, A-6700 Bludenz, Tel. 00 43/(0)55 52/627 03, www.tiscover.at/herzog-friedrich €€

A Lech am Arlberg

***Strecke:** Bei der Alpe Rauz rechts auf die 198 und über den Flexenpass nach Lech.*

Info: Lech liegt auf 1444 prächtigen Metern Höhe inmitten der Lechtaler Alpen. Der Bergsommer in diesem Skiort ist viel ruhiger als der Winter. Ein schöneres Kontrastprogramm nach flotter Kurvenhatz ist kaum zu finden (www.lech-zuers.at).

Restaurant-Tipp: Die riesige Sonnenterrasse des Gasthauses Tirolerhof in Warth nutzen Biker aus nah und fern als Boxenstopp. Serviert wird bodenständige Hausmannskost, aber auch internationale Küche.

Gasthof Tirolerhof, Dorf 10, A-6767 Warth, Tel. 00 43/(0)55 83/28 67, www.warth.tv €€

8
14,5 km
190

In Bludenz rechts auf die 190, der Bundesstraße durch die Altstadt folgen. Nach 2,5 km links in Richtung Autobahn und 12 km über Bürserberg und Brand bis zum Ende des Brandnertals.

***Strecke:** Aussichtsreiche Sackgassen-Strecke hinein ins Brandnertal, Landstraßen-Charakter, die Kehrtwende am Talschluss ist obligatorisch.*

Info: Aus prallen, vor Blüten nur so überquellenden Sommerwiesen geht es Kehre um Kehre bergan, immer alpiner wird die Landschaft, bis sie sich schließlich nach gut 25 km per Seilbahn und Wanderwegen nur noch den Fußgängern erschließt. Toll!

Der Lünersee (1970 m) zählt zu den schönsten Alpenseen Österreichs und ist im Sommer ein über die Grenzen hinaus bekanntes Ausflugsziel. Man erreicht ihn mit der Lünerseebahn ab Brand. Einkehren kann man in der zweckmäßigen Jausenstation Douglashütte direkt an der Bergstation der Seilbahn.

Brandnertal Tourismus, Mühledörfle 40, A-6708 Brand, Tel. 00 43/(0)55 59/555, www.brandnertal.at

9
14,5 km
retour

Am Ende des Brandnertals auf gleicher Strecke zurück nach Bludenz fahren.

Motorradparadies Vorarlberg.

Tiroler Kurvenkanon

Bregenzerwald und Lechtaler Alpen

2

Ⓐ **Ausgangsort**
Oberstdorf (D-87561)

Ⓔ **Zielort**
Oberstdorf (D-87561)

229 km ★★★ ★★★★

Straßentypen (in Prozent der Streckenlänge)

25 | 75

- Landstraße/asphaltierte Nebenstraße
- Bundesstraße/Schnellstraße

Pass-Überquerungen: 5

Diese Tour können Sie mit Route 1 und 3 kombinieren.

Tourismusbüro Lechtal
Nr. 55b
A-6652 Elbigenalp
Tel. 00 43/(0)56 34/53 15
info@lechtal.at
www.lechtal.at

(→ *weitere Adressen siehe Seite 182*)

Es müssen nicht immer die himmelhohen, berühmten Passstraßen sein, die erstklassige Motorraderlebnisse unter den Reifen garantieren. Die im Folgenden vorgestellten Pässe bieten ein ähnlich großes Vergnügen sowie wunderbare Naturerlebnisse und nicht zuletzt jede Menge herrliche Kurven. Hinzu kommt, dass man meistens auf wenig befahrenen Straßen unterwegs ist und somit kaum Stau- oder Kolonnengefahr besteht.

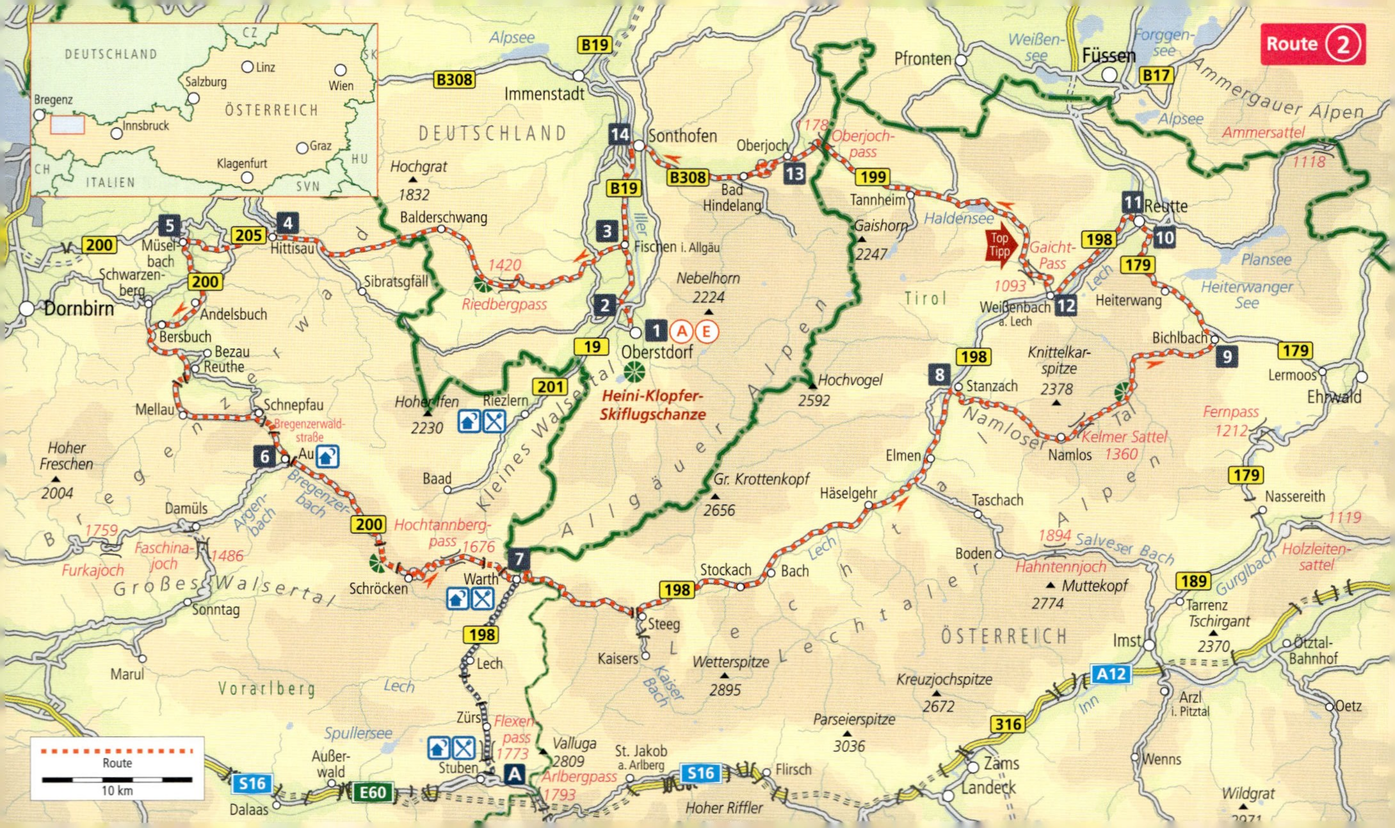

Route 2
DEUTSCHLAND
ÖSTERREICH
Tirol
Vorarlberg
Dornbirn
Immenstadt
Sonthofen
Oberstdorf
Füssen
Pfronten
Reutte
Heini-Klopfer-Skiflugschanze
Riedbergpass
Oberjochpass
Gaicht-Pass
Hochtannbergpass
Flexenpass
Arlbergpass
Kelmer Sattel
Fernpass
Faschinajoch
Furkajoch
Hahntennjoch
Holzleitensattel
Ammersattel
Allgäuer Alpen
Lechtaler Alpen
Ammergauer Alpen
Bregenzerwald
Kleines Walsertal
Großes Walsertal
Namloser Tal
Route
10 km

Tour-Stationen auf einen Blick

Tourlänge: 229 km

Nr.	Ort	PLZ	GPS-Koordinaten
A	Oberstdorf	D-87561	N 47 24.514 E 10 16.548
2	Oberstdorf	D-87561	N 47 25.451 E 10 16.090
3	Fischen im Allgäu	D-87538	N 47 27.613 E 10 16.029
4	Hittisau	A-6952	N 47 27.516 E 09 57.226
5	Müselbach	A-6861	N 47 27.142 E 09 52.791
6	Reuthe	A-6870	N 47 22.633 E 09 53.316
7	Au	A-6883	N 47 19.424 E 09 58.589
8	Warth	A-6767	N 47 15.480 E 10 11.000
9	Stanzach	A-6642	N 47 22.977 E 10 33.660
10	Bichlbach	A-6621	N 47 25.197 E 10 47.296
11	Reutte	A-6600	N 47 28.689 E 10 43.787
12	Reutte	A-6600	N 47 29.345 E 10 43.108
13	Weißenbach am Lech	A-6671	N 47 26.446 E 10 38.573
14	Tannheim	A-6675	N 47 30.078 E 10 30.834
15	Oberjoch	D-87541	N 47 31.035 E 10 24.510
16	Bad Hindelang	D-87541	N 47 30.271 E 10 22.237
17	Sonthofen	D-87527	N 47 31.215 E 10 16.056
E	Oberstdorf	D-87561	N 47 24.514 E 10 16.548

Die Übersicht ist fortlaufend nummeriert und enthält neben den Etappenpunkten zur Orientierung ggf. weitere Orte entlang der Route; Referenzsystem der GPS-Koordinaten: WGS84.

1
2 km
–

Oberstdorf über die Sonthofener Straße verlassen und 2 km bis zur B19 fahren.

Info: Oberstdorf, einer der beliebtesten Ferienorte Deutschlands, ist vor allem in Sachen Skisport bestens bekannt. Auf der großen Schattenbergschanze findet jedes Jahr ein Springen der berühmten Vier-Schanzen-Tournee statt. Eine weitere Sprungschanze, die Heini-Klopfer-Skiflugschanze im Stillachtal aus dem Jahr 1949, kann ganzjährig besichtigt werden. Es besteht eine Sesselliftverbindung vom Tal bis zum Schanzentisch. Weiter geht es mit einem Schrägaufzug bis zur Aussichtsplattform. Hier hat man einen herrlichen Ausblick, sofern man nicht von Höhenangst oder Schwindelanfällen geplagt wird.

Restaurant- und Hotel-Tipp: Der Gasthof Sonnenburg im Kleinwalsertal bei Oberstdorf bietet gemütliche Zimmer. Das Haus verwöhnt seine Gäste zudem mit guter regionaler Küche.

Gasthof Sonnenburg, Außerschwende 21, A-6991 Riezlern, Tel. 00 43/(0)55 17/52 51, www.gasthof-sonnenburg.at €

2
4,5 km
B19

Im Kreisverkehr die 1. Abfahrt nehmen und der B19 4,5 km bis nach Fischen folgen.

Strecke: *Verkehrsstarke Bundesstraße.*

Auf 1420 m Höhe am Riedbergpass.

3
29 km
–

In Fischen links abbiegen in Richtung Österreich und 29 km bis nach Hittisau fahren.

Strecke: *Kurvenreiche Strecke über den Riedbergpass (1420 m), leider auf 40 km/h begrenzt. Aber die Etappe gibt viel Gelegenheit, die wundervolle Landschaft bei offenem Visier zu genießen.*

4
6,5 km
205

In Hittisau links auf die 205 in Richtung Dornbirn abbiegen, dann 6,5 km bis Müselbach.

Strecke: *Schnelles Verbindungsstück.*

5
26 km
200

In Müselbach an der T-Kreuzung links auf die 200 und über Reuthe 26 km bis Au fahren.

Strecke: *Auf der breiten, schön zu fahrenden Bregenzerwaldstraße.*

Info: Das Wälderbähnle verkehrt von Mai bis Oktober zwischen Bezau und Schwarzenberg (6,1 km). Abwechselnd mit der 100 Jahre alten Dampflok oder einer der historischen Diesellokomotiven sieht man das Bähnle schon von Weitem durch die schöne Landschaft schnaufen.

Wälderbähnle, Verein BWB, A-6941 Langenegg, Tel. 00 43/(0)6 64/466 23 30, www.waelderbaehnle.at

Das Wälderbähnle im Bregenzerwald.

6

23 km

200

Geradeaus durch Au in Richtung Hochtannbergpass, weiter der Bregenzerwald–Bundesstraße (200) 23 km bis Warth folgen.

Strecke: *Flotter Kurventanz über den gut ausgebauten, herrlichen Hochtannbergpass (1676 m).*

Hotel-Tipp: »Haus der 59 Pässe« nennt sich das Hotel Post in Au gerne. Das MoHo-Hotel bietet sichere Abstellplätze, einen Trockenraum sowie viele weitere Serviceleistungen.

Hotel Post, Argenau 100, A-6883 Au, Tel. 00 43/(0)55 15/41 03, www.motorradhotel.at €€

Gut ausgebaut: der Hochtannbergpass.

7

40 km

198

In Warth links halten in Richtung Reutte und 40 km auf der Bundesstraße 198 bis Stanzach fahren.

Strecke: *Landschaftlich reizvolle und schnelle Strecke durchs Lechtal. In der anderen Richtung geht es zum Flexenpass (siehe Abstecher).*

Restaurant- und Hotel-Tipp: Ein beliebter Treffpunkt für Biker ist die Sonnenterrasse des Gasthauses Tirolerhof in Warth. Es gibt großzügige Appartements für Fahrer, die etwas länger bleiben wollen.

Gasthof Tirolerhof, Dorf 10, A-6767 Warth, Tel. 00 43/(0)55 83/28 67, www.warth.tv €€

Aussichtsreicher Abstecher zum Flexenpass.

8
26,5 km
–

In Stanzach rechts abbiegen und durch das Namloser Tal 26,5 km bis nach Bichlbach fahren.

Strecke: *Geniale Kurven und sauberer Straßenbelag über den Kelmer Sattel (1360 m). So macht Motorradfahren richtig Freude!*

Info: Das Namloser Tal macht seinem Namen alle Ehren, es scheint tatsächlich kaum bekannt zu sein. Abgesehen von ein paar eingeweihten Motorradfahrern trifft man auf dieser Straße zumindest kaum jemanden an. Bis zum Dorf Namlos windet sich die Strecke in engen Kurven am rechten Talrand entlang. Hinter Namlos geht es über den Kelmer Sattel und durch das enger werdende Tal bis nach Bichlbach.

9
9,5 km
179

In Bichlbach links halten und 0,5 km bis zur 179, hier links und 9 km in Richtung Reutte.

Strecke: *Die verkehrsreiche Fernpass-Straße.*

10
1,5 km
198

Am Straßendreieck vor Reutte rechts auf die 198 abfahren und 1,5 km durch den Ort bis zum Kreisverkehr am Obermarkt fahren.

Strecke: *Lebhafter Stadtverkehr.*

A Flexenpass

Info: Der Flexenpass (1773 m) verbindet Nord und Süd, das Lechtal mit dem Arlberg. Anfangs schmal und kurvenreich, strebt die Strecke ab Lech unaufhaltsam in die Höhe, bis im Wintersportort Zürs der Scheitel erreicht ist. Bis zum Endpunkt der Flexenpassstraße in Stuben-Rauz sind es von Warth aus rund 17 km.

Restaurant- und Hotel-Tipp: Auf der anderen Seite des Flexenpasses in Stuben bietet das Biker-Hotel Berg-Klause wunderschöne Zimmer, eine tolle Atmosphäre und jeden Abend ein leckeres Schlemmerbuffet.

Alpengästehaus Berg-Klause,
Egganaweg 59,
A-6762 Stuben/Arlberg,
Tel. 00 43/(0)55 82/551,
www.berg-klause.at €

11
8,5 km
198

Im Kreisverkehr die 3. Ausfahrt nehmen, dann 8,5 km – weiterhin auf der 198 – bis Weißenbach.

Strecke: *Schnelle Straße am Lech entlang.*

12
26 km
199
B308

In Weißenbach am Kreisverkehr rechts (1. Ausfahrt) auf die 199 – später B308 – und der Bundesstraße 26 km über Tannheim bis Oberjoch folgen.

TOP TIPP ***Strecke:*** *Diese Etappe trumpft gleich mit zwei fahrtechnischen Highlights auf. Über den zwar nur 1093 m hohen, aber dennoch sehr spannenden Gaicht-Pass erreicht man zunächst das wunderschöne Tannheimer Tal. Die anschließende Abfahrt hält dabei nicht ganz, was die erstklassige Auffahrt bieten konnte, dafür ist es beim nachfolgenden Oberjochpass genau umgekehrt. Auf unspektakulärer Piste nähert man sich der Passhöhe (1178 m) nahe der deutschen Grenze. Dann geht es rasant den herrlichen Kurvenbandwurm bergab.*

Blumen am Wegesrand, Asphalt unter den Reifen: unterwegs im Lechtal.

13
13 km
B308

In Oberjoch links Richtung Bad Hindelang abbiegen und 13 km – weiter auf der B308 – bis Sonthofen.

Strecke: *Breit ausgebaute Kurvenstrecke bergab.*

14
13 km
B308
B19

Auf der B308 nach Sonthofen hinein bis zur Kreuzung mit der B19, hier links abbiegen und 13 km zurück nach Oberstdorf fahren.

Strecke: *Auf stark befahrener Bundesstraße zurück zum Ausgangspunkt.*

Info: Eines der schönsten Alpentäler ist das Kleinwalsertal, das zwar zu Österreich gehört, aber nur von deutscher Seite über Oberstdorf zugänglich ist. Zwischen Hohen Ifen und Fellhorn hat die Breitach ein auf 1100 bis 1250 m liegendes Hochtal geformt. Besonders attraktiv ist die Breitachklamm am Eingang des Tales. Die wildromantische Schlucht kann auf gesichertem Weg in einer Stunde durchwandert werden. Wen es eher in höhere Lagen zieht, der kann von Riezlern, dem Hauptort des Kleinwalsertals, mit der Seilbahn zur 1980 m hohen Kanzelwand schweben, die einen herrlichen Ausblick übers Tal bietet (www.breitachklamm.de, www.kleinwalsertal.com).

E

Hahntennjoch & Co.

Lechtaler und Stubaier Alpen, Zugspitzregion

3

Ⓐ **Ausgangsort**
Garmisch-Partenkirchen (D-82467)

Ⓔ **Zielort**
Garmisch-Partenkirchen (D-82467)

250 km ★★★★ ★★★★

Straßentypen (in Prozent der Streckenlänge)

Landstraße/asphaltierte Nebenstraße	Bundesstraße/Schnellstraße
45	55

Pass-Überquerungen: 5

Diese Tour können Sie mit Route 2 und 4 kombinieren.

Tirol Info
Maria-Theresien-Straße 55
A-6010 Innsbruck
Tel. 00 43/(0)5 12/727 20
info@tirol.at
www.tirol.at

(➔ *weitere Adressen siehe Seite 182*)

Zwischen Start und Ziel dieser Zauberrunde wartet ein äußerst spannender Mix aus Kurven, Schräglagen und vielen Sehenswürdigkeiten. Die Route führt dabei sowohl über einsame Bergstrecken als auch über intensiv frequentierte Straßen. Klares Tour-Highlight ist die Überquerung des landschaftlich spektakulären Hahntennjochs. Nicht zuletzt kommt die gesamte Strecke ohne lästige Maut aus, was die Stimmung zusätzlich hebt.

Route 3
DEUTSCHLAND
CZ
SK
Linz
Wien
Salzburg
Bregenz
ÖSTERREICH
Innsbruck
Graz
CH
ITALIEN
Klagenfurt
SVN
HU
Füssen
Forggensee
Bannwaldsee
Schloss Linderhof
B23
Oberammergau
Kloster Ettal
B2
Walchensee
Graswang
Linderhof
St2060
Ettal
Oberau
Loisach
Ammergauer Alpen
Alpsee
1118
Ammersattel
Kreuzspitze 2185
Krottenkopf 2086
Farchant
B11
Wallgau
Isar
Krün
Tannheim
Haldensee
Reutte
Gaisthorn 2247
Gaicht-Pass
1093
Lech
179
Plansee
B23
Garmisch-Partenkirchen
Kaltenbrunn
Eibsee
E
A
Weißenbach a. Lech
Heiterwang
Heiterwanger See
187
Zugspitze 2962
Alpspitze 2628
Mittenwald
Westliche Karwendelspitze 2385
Östliche Karwendelspitze 2537
198
Bichlbach
Lermoos
Ehrwald
Hochwanner 2744
Wettersteingebirge
955
Scharnitzpass
Scharnitz
Lalidererer Spitze 2588
Karwendel
Hochvogel 2592
Stanzach
Knittelkarspitze 2378
Namloser Tal
Biberwier
Fernpass 1212
Hochplattig 2768
Leutasch
Hoher Gleirsch 2492
Elmen
Namlos
Kelmer Sattel 1360
Alpen
Mieminger Gebirge
Tirol
Häselgehr
Bschlabs
Nassereith
Holzleitensattel
Fronhausen
189
Telfs
Bairach
Seefeld i. Tirol
ÖSTERREICH
Lechtaler Alpen
1894
Salveser Bach
Dormitz
1119
Obsteig
Inn
171
INNSBRUCK
Top Tipp
Hahntennjoch
Gurglbach
E60
Zirl
Muttekopf 2774
Tarrenz
Tschirgant 2370
A12
Rietzer Grieskogel 2884
Kematen i. Tirol
Völs
Imst
Ötztal-Bahnhof
Axams
Arzl i. Pitztal
Sautens
Oetz
Speicher Längental
Kühtai
2017
Kühtaisattel
Sellraintal
Sellrain
A13
Patscherkofel 2246
Route
10 km
186
Acherkogel 3008
Finstertal Stausee
St. Sigmund im Sellrain
Gries im Sellrain
Axamer Lizum
Saile 2404

Tour-Stationen auf einen Blick

Tourlänge: 250 km

Nr.	Ort	PLZ	GPS-Koordinaten
A	Garm.-Partenkirchen	D-82467	N 47 29.541 E 11 05.174
2	Oberau	D-82496	N 47 33.427 E 11 08.256
3	Ettal	D-82488	N 47 34.238 E 11 04.850
4	Reutte	A-6600	N 47 28.987 E 10 44.373
5	Reutte	A-6600	N 47 29.431 E 10 43.188
6	Elmen	A-6644	N 47 19.884 E 10 32.180
7	Imst	A-6460	N 47 14.764 E 10 44.479
8	Imst	A-6460	N 47 13.990 E 10 44.239
9	Ötztal-Bahnhof	A-6430	N 47 13.901 E 10 51.210
10	Oetz	A-6433	N 47 12.099 E 10 53.969
11	Kühtai	A-6182	N 47 12.826 E 11 01.461
12	Kematen in Tirol	A-6175	N 47 14.894 E 11 16.084
13	Kematen in Tirol	A-6175	N 47 15.984 E 11 15.851
14	Telfs	A-6410	N 47 18.258 E 11 04.284
15	Nassereith	A-6465	N 47 18.137 E 10 50.619
16	Lermoos	A-6631	N 47 24.426 E 10 51.996
E	Garm.-Partenkirchen	D-82467	N 47 29.541 E 11 05.174

Die Übersicht ist fortlaufend nummeriert und enthält neben den Etappenpunkten zur Orientierung ggf. weitere Orte entlang der Route; Referenzsystem der GPS-Koordinaten: WGS84.

1
9,5 km
B23

Ⓐ

Von Garmisch-Partenkirchen 9,5 km auf der B23 bis nach Oberau fahren.

***Strecke:** Durch das Tal der Loisach in Richtung Norden.*

Info: Eine Fahrt mit der Zahnradbahn zum Gletscherbahnhof Zugspitzplatt auf 2600 m dauert ab Garmisch-Partenkirchen 75 Minuten. Bei gutem Wetter bietet der höchste deutsche Berg eine fantastische Aussicht bis weit über die Alpen.
Bayerische Zugspitzbahn Bergbahn AG, Olympiastraße 27, 82467 Garmisch-Partenkirchen, Tel. 088 21/79 70, www.zugspitze.de

Hotel-Tipp: Im Hotel Alpenkranz in Garmisch-Partenkirchen sind Biker herzlich willkommen, denn der Chef ist selbst leidenschaftlicher Motorradfahrer und gibt gerne Tourentipps. Gemütliche Zimmer, reichhaltiges Frühstück und ein Biergarten zum Erholen nach der Tour sowie Unterstellplätze für die Maschinen vorhanden.
Motorradhotel Alpenkranz, Angerstraße 7, 82467 Garmisch-Partenkirchen, Tel. 088 21/42 17 €

2
6,5 km
B23

In Oberau links nach Oberammergau, weiterhin auf der B23 fahren, 6,5 km bis hinter Ettal.

***Strecke:** Kurvenreiche Straße bergan.*

Tipp: Kloster Ettal

Info: Eindrucksvoll erhebt sich das Benediktinerkloster Ettal über dem kleinen Ort Ettal. 1130 gegründet, wurde der gotische Zentralbau im 18. Jh. barockisiert. Eine Augenweide ist das Kuppelfresko im Rundbau der Klosterkirche (www.kloster-ettal.de).

3

34,5 km

St2060

Hinter Ettal links in Richtung Plausee/Reutte abbiegen und 34,5 km auf der St2060 bis nach Bad Kreckelmoos kurz vor Reutte fahren.

Strecke: *Schmale Straße an Schloss Linderhof vorbei, über den wenig befahrenen Ammersattel (1118 m) und am Plansee entlang. Hinter der Passhöhe des Ammersattels, die bereits in Tirol liegt, erwarten uns einige knackige Kurven.*

Info: Wäre es nach dem Willen des bayerischen Märchenkönigs Ludwig II. gegangen, hätte Schloss Linderhof nach seinem Ableben rigoros gesprengt werden sollen. Gut, dass es nie so weit kam. Der verspielte und ein wenig kitschige Prachtbau ist äußerst sehenswert und heute eine der wichtigsten und meistbesuchtesten Attraktionen Bayerns. Inspiriert wurde die neobarocke Anlage (1869) von den Bühnenwerken des Komponisten Richard Wagner. Sinnbilder düsterer Romantik, Melancholik und Mystik finden sich fast überall rund um das Schloss und in seiner Parkanlage. Effektvoll inszenierte Traumorte sind etwa die berühmte Venusgrotte oder die Hundinghütte, die nach der Beschreibung des Szenenbilds von Wagners erstem Akt der Walküre errichtet wurde.

Schloss Linderhof, Linderhof 12, 82488 Ettal, Tel. 088 22/92 03 49, www.schlosslinderhof.de, April–Mitte Okt. tgl. 9–18 Uhr, Mitte Okt.–März tgl. 10–16 Uhr.

Durch die schönen Lechtaler Alpen.

4 — *2 km* — –

Im Kreisel bei Bad Kreckelmoos die 1. Ausfahrt nehmen und 2 km (Plauseestraße) ins Zentrum von Reutte bis zum nächsten Kreisverkehr.

5 — *25 km* — 198

Im Kreisel die 3. Ausfahrt nehmen und auf die 198 in Richtung Lechtal abbiegen. Der Straße 25 km über Stanzach bis Elmen folgen – am Ort vorbei.

Strecke: *Schnelle Straße am Lech entlang.*

6 — *28 km* — –

Hinter Elmen links abbiegen und dann weiter 28 km bis nach Imst.

TOP TIPP ***Strecke:*** *Teilweise schmale Passstraße über das Hahntennjoch (1894 m) mit sehr hohem Erlebniswert.*

Info: Das Hahntennjoch liegt auf dem landschaftlich wilden Übergang vom Lechtal ins Inntal. Unmittelbar neben der Straße dehnen sich gewaltige Ausläufer voluminöser Schottermuren aus, dazwischen tiefe Furchen, durch die im Winter die Lawinen abgehen. Eine beispielhafte Szenerie für die Urgewalt der Natur, die von mächtigen Felswänden und dem gewaltigen Panorama der Lechtaler Alpen umrahmt wird.

Die wilde Landschaft des Hahntennjochs.

7
1,5 km
–

In Imst rechts in die Pfarrgasse abbiegen, 1,5 km geradeaus durch den Ort und über den Kreisel hinweg bis zur Bundesstraße 171 fahren.

8
10,5 km
171

Jetzt links auf die 171 und 2 km bis zum nächsten Kreisverkehr. Hier die 3. Ausfahrt nehmen und – weiter auf der 171 – 8,5 km bis Ötztal-Bahnhof.

Strecke: *Verkehrsreiche Bundesstraße.*

9
5,5 km
186

Im Kreisel vor Ötztal-Bahnhof rechts (1. Ausfahrt) auf die 186 in Richtung Ötztal/Sölden abfahren, 5,5 km bis Oetz.

Restaurant- und Hotel-Tipp: Der Hausherr des Biker-Gasthofs Post in Sautens – auch bekannt als der »Ötzi-Rider« – fährt selbst Motorrad. Das Kochen übernimmt seine ausgezeichnete Küchencrew.
Biker-Gasthof Post, Dorfstraße 46, A-6432 Sautens, Tel. 00 43/(0)52 52/62 37, www.gasthof-post.at €€

Immer die besten Aussichten.

10
41 km
–

In Oetz links Richtung Kühtai abbiegen und 41 km bis nach Kematen in Tirol fahren.

Strecke: *Ein echter Kurvenreigen auf gut ausgebauter Straße hinauf zum Kühtaisattel (2017 m) ins einsame Sellraintal. Die Abfahrt nach Kematen ist dann eher unspektakulär. Keine Wintersperre. Vorsicht: Immer wieder blockiert freilaufendes Weidevieh die Straße und auch rutschige Kuhfladen auf dem Asphalt können tückisch sein.*

Info: An heißen Tagen bietet ein Sprung in den Piburger See eine willkommene Abkühlung. Er liegt südlich, oberhalb von Oetz.

11
2 km
–

In Kematen links halten, über den Kreisel und 2 km bis zur Autobahn und unter ihr hindurch bis zur Auffahrt auf die 171.

12
16 km
171

Jetzt über den Inn und links auf die 171 Richtung Zirl, der Bundesstraße 16 km bis Telfs folgen.

Strecke: *Viel befahrene Bundesstraße parallel zur mautpflichtigen Autobahn.*

So viel Zeit muss sein: Rast am Kühtaisattel.

13
23 km
189

In Telfs im 2. Kreisel die 1. Ausfahrt auf die 189 nehmen, dann durch den Ort und 23 km bis nach Nassereith.

Strecke: *Über den recht stark frequentierten Holzleitensattel (1119 m).*

Info: Landschaftlich einladend präsentiert sich das Mieminger Plateau, man genießt prachtvolle Ausblicke über das Inntal.

Restaurant- und Hotel-Tipp: Motorrad- und Oldtimerfreunden bietet das Gasthof-Restaurant Panorama in Obsteig auf dem Mieminger Plateau einen ganz besonderen Service.

Gasthof-Restaurant Panorama, Holzleiten 77, A-6416 Obsteig,
Tel. 00 43/(0)52 64/81 04, www.gasthof-panorama.at €

14
19,5 km
179

In Nassereith geradeaus auf die Fernpass-Bundesstraße (179) fahren, 19,5 km bis Lermoos.

Strecke: *Der Fernpass (1212 m) ist leider oft überlastet.*

15
25 km
187
B23

Abfahrt Lermoos rechts auf die Bundesstraße 187 und auf der 187/B23 in Richtung Deutschland 25 km zurück nach Garmisch-Partenkirchen fahren.

Die Fernpass-Straße führt direkt am Fernsteinsee vorbei.

4

Es geht hoch hinaus

Wipptal, Passeiertal, Ötztal, Sellrain

Ⓐ **Ausgangsort**
Innsbruck (A-6010)

Ⓔ **Zielort**
Innsbruck (A-6010)

232 km ★★★★ ★★★★★

Straßentypen (in Prozent der Streckenlänge)

20 | 80

■ Landstraße/asphaltierte Nebenstraße
■ Bundesstraße/Schnellstraße

Pass-Überquerungen: 4

Diese Tour können Sie mit Route 3 und 5 kombinieren.

Tirol Info
Maria-Theresien-Straße 55
A-6010 Innsbruck
Tel. 00 43/(0)5 12/727 20
info@tirol.at
www.tirol.at

(➔ *weitere Adressen siehe Seite 182*)

Bei dieser Runde geht es in puncto Pässe richtig zur Sache. Hier präsentieren sich von Brenner bis Timmelsjoch und Kühtaisattel die Traumstraßen, auf denen wir die hohe Kunst des Pässefahrens ausgiebig üben und praktizieren können. Das alles inmitten einer überwältigenden, hochalpinen Landschaft mit der gesamten Vielfalt, die Österreichs Berge zu bieten haben. Start und Ziel der Tour ist Innsbruck im Herzen Tirols.

Route 4
Telfs
E60
A12
Zirl
8
INNSBRUCK
Hall
171
E45
Inn
Gurglbach
171
Silz
Rietzer Grieskogel 2884
Inzing
7
Kematen i. Tirol
A
E
1
Imst
Tschirgant 2370
Ötztal Bahnhof
2017
A12
Inn
171
Arzl i. Pitztal
Sautens
Oetz
Speicher Längental
Kühtai
Kühtai-Sattel
Sellraintal
Axams
182
Patscherkofel 2246
Schönwies
6
St. Sigmund i. Sellrain
Gries i. Sellrain
Sellrain
Saile 2404
Axamer Lizum
Glanderspitze 2512
Wenns
Acherkogel 3007
Speicher Finstertal
Tirol
A13
Tuxer Alpen
Wildgrat 2971
186
ÖSTERREICH
Umhausen
Fulpmes
E45
Matrei a. Brenner
Navis
Lizumer Reckner 2886
Mayrhofen
Pillerhöhe 1559
Fundusfeiler 3079
Ötztal
Stubaier Alpen
Wildkopf 2719
Serles 2717
Außerweg
Ahornspitze 2973
Dorf
Stubaital
Ruetz
Wipptal
Hintertux
St. Leonhard i. Pitztal
Pitze
Pitztal
Längenfeld
Gschnitztal
Steinach a. Brenner
169
Fendels
Schrankogel 3497
Ruderhofspitze 3474
Habicht 3277
182
Schmirn
Olperer 3476
Huben
Gschnitz
Gries a. Brenner
Großer Löffler 3379
186
Hohe Geige 3393
2308
Obernberg a. Brenner
2
Brenner 1374
Hohe Wand 3289
Schlegeisspeicher
Watzespitze 3532
Dresdner Hütte
Zillertaler Alpen
Fagge
Ötztaler Gletscherstraße
Sölden
Zuckerhütl 3507
Brennerbad
Hochfeiler 3509
Riffelsee
Eisack
Gepatsch Stausee
Top Tipp
A
Rettenbachferner
5
Zwieselstein
Timmelsjochstraße
186
Brenner
Kaunertal
Ötztaler Alpen
Masseria
Ridnauntal
SS12
Wilde Kreuzspitze 3132
ITALIEN
Glockturm 3353
Wildspitze 3768
Tiefenbachferner
Venter Ache
Hochgurgl
Timmelsjoch 2509
3
Sterzing
Gruppachspitze 2809
Weißsee Ferner
Vent
Obergurgl
Ratschings
A22
Südtirol
3549
SS44bis
Passeiertal
2094
SS44
E45
Großer Ramolkogel
Moos i. Passeier
4
Jaufenpass
SS12
St. Leonhard i. Passeier
Mittewald
St. Sigmund
Bruneck
Route
10 km
DEUTSCHLAND
CZ
SK
Linz
Wien
Salzburg
Bregenz
ÖSTERREICH
Innsbruck
Graz
CH
Klagenfurt
HU
ITALIEN
SVN

Tour-Stationen auf einen Blick

Tourlänge: 232 km

Nr.	Ort	PLZ	GPS-Koordinaten
Ⓐ	Innsbruck	A-6020	N 47 15.395 E 11 23.860
2	Schönberg	A-6141	N 47 11.040 E 11 24.669
3	Matrei am Brenner	A-6143	N 47 07.823 E 11 27.188
4	Gries am Brenner	A-6156	N 47 00.450 E 11 30.403
5	Sterzing	I-39049	N 46 53.469 E 11 26.194
6	St. Leonhard	I-39015	N 46 48.559 E 11 14.690
7	Hochgurgl	A-6456	N 46 57.132 E 11 02.954
8	Zwieselstein	A-6450	N 46 56.236 E 11 01.619
9	Sölden	A-6450	N 46 57.944 E 11 00.444
10	Oetz	A-6433	N 47 12.090 E 10 53.973
11	Kühtai	A-6182	N 47 12.826 E 11 01.461
12	Sellrain	A-6181	N 47 12.844 E 11 12.892
13	Kematen in Tirol	A-6175	N 47 14.894 E 11 16.084
14	Kematen in Tirol	A-6175	N 47 15.984 E 11 15.851
Ⓔ	Innsbruck	A-6020	N 47 15.395 E 11 23.860

Die Übersicht ist fortlaufend nummeriert und enthält neben den Etappenpunkten zur Orientierung ggf. weitere Orte entlang der Route; Referenzsystem der GPS-Koordinaten: WGS84.

1
37,5 km
182

Innsbruck Richtung Süden auf der 182 verlassen und 37,5 km bis zur Brennerpasshöhe fahren.

***Strecke:** Auf der herrlich kurvenreichen, fahrerisch recht anspruchsvollen alten Brenner-Landstraße. Teilweise enge Ortsdurchfahrten.*

Info: Das eigentliche, vor allem landschaftliche Highlight dieser Etappe sind die idyllischen Seitentäler rechts und links der alten Passstraße, auf die man einen herrlichen Blick hat.

Event-Tipp: Immer im Juni, am 2. Sonntag nach Fronleichnam, zieren spektakuläre Lichterketten die nördlichen Gipfel bei Innsbruck. Die Herz-Jesu-Bergfeuer sind ein erst im 19. Jahrhundert entstandener Brauch, der seine Wurzeln in den frühen Johannis- und Sonnwendfeuern hat und der später in Erinnerung an das Herz-Jesu-Gelöbnis von 1796 umgedeutet wurde.

Restaurant- und Hotel-Tipp: Das Hotel Krone in Matrei, 20 km südlich von Innsbruck, befindet sich seit 1447 in Familienbesitz. Im letzten Jahrhundert hat es sich auch für Biker geöffnet, die den Charme und Komfort des Hauses zu schätzen wissen. Die Küche ist gehoben und bietet internationale sowie regionale Spezialitäten.

Hotel Krone, Brennerstraße 54–56, A-6143 Matrei, Tel. 00 43/(0)52 73/62 28, www.krone-matrei.at €€

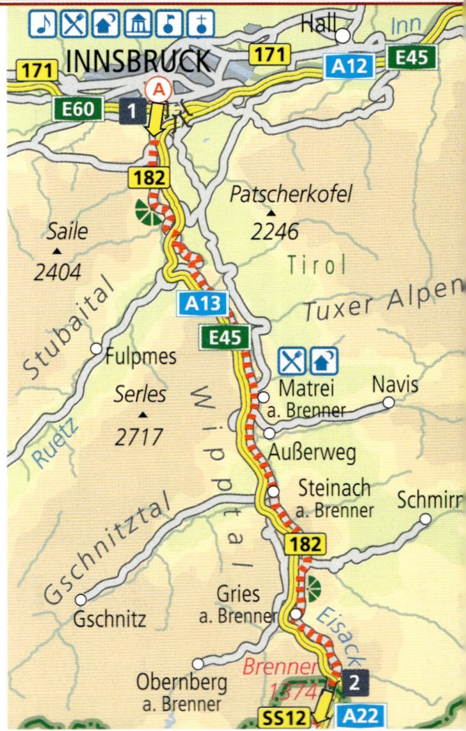

2
16 km
SS12

Auf der Passhöhe weiter geradeaus, 16 km talwärts auf der SS12 bis nach Sterzing fahren.

Strecke: *Gut ausgebaute Strecke bergab mit erneut teilweise sehr engen Ortsdurchfahrten.*

Info: Das Städtchen Sterzing zu Füßen von Jaufen- und Brennerpass versprüht dank der malerischen Altstadt viel Charme und ist ein echtes Highlight. Von Norden her gelangt man über den Stadtplatz und durch den Zwölferturm in die Neustadt, eine der schönsten Straßen Südtirols, die zum Flanieren und Einkaufen einlädt. Sehenswert ist die 1380 erbaute Spitalkirche zum Heiligen Geist mit ihren prächtigen Fresken (www.sterzing.com).

Seit der Antike sind die Heilquellen des Brennerbades hinter der Passhöhe weithin bekannt. Doch erst im Jahr 1338 wird das Heilbad im Örtchen Brenner urkundlich erwähnt, in dem sich im Laufe der Jahrhunderte eine Vielzahl berühmter Persönlichkeiten kurend die Klinke in die Hand gaben. Das Thermalwasser stammt aus einer Tiefe von mehr als 1000 m und besitzt eine nahezu konstante Temperatur von 22 °C. Seine heilende Wirkung kann in Form von Trink- und Badekuren sowie als Aerosoltherapie genossen werden.

Brenner Thermalquellen, Brennerbad 13, I-39041 Brenner, Tel. 00 39/04 72/63 11 24, www.termedibrennero.it

Die schöne Sterzinger Altstadt mit Zwölferturm.

3
38 km
SS44

In Sterzing von der Brennerstraße rechts abbiegen und 38 km auf der SS44 bis St. Leonhard fahren.

Strecke: *Spannend und äußerst kurvenreich geht es über den Jaufenpass (2094 m) hinab ins Passeiertal. Witterungsbedingt und nachts sind Sperren möglich.*

Restaurant-Tipp: Wenn einen der Hunger zwischendurch packt: Direkt im Zentrum von St. Leonhard gibt es an der Passeirer Straße zahlreiche Einkehrmöglichkeiten für einen stärkenden Boxenstopp.

4
49 km
SS44bis
186

In St. Leonhard rechts abbiegen und 49 km auf der SS44bis, auf österreichischer Seite auf der 186, bis Zwieselstein fahren.

Strecke: *Das Timmelsjoch (2509 m) verlangt einiges an Erfahrung in der hohen Schule des Passfahrens und ist kein Trainingsgelände für absolute Führerschein-Neulinge. Auf italienischer Seite ist die gut ausgebaute Rampe für Kraftfahrzeuge über 8 Tonnen, Anhänger-Gespanne und Busse gesperrt. Von der eher unspektakulären Passhöhe geht es dann auf tadelloser Piste hinunter zur Mautstelle auf österreichischer Seite und weiter nach Hochgurgl.*

Nichts für Fahranfänger: das Timmelsjoch.

Kurvenreicher geht es fast nicht: der Jaufenpass, vom Passeiertal kommend.

5
35 km
186

Geradeaus durch Zwieselstein und 35 km der 186 über Sölden bis Oetz folgen.

Strecke: *Auf gut ausgebauter und kurvenreicher Strecke geht es durch das herrliche Ötztal, der ausgeschilderte Abzweig zur berühmten Gletscherstraße liegt linker Hand vor dem Zentrum von Sölden.*

Restaurant-Tipp: Der Gasthof Felsenstüberl in Sölden ist bei Bikern als spontaner Einkehrschwung beliebt.

Gasthof Felsenstüberl, Kapellenweg 2, A-6450 Sölden, Tel. 00 43/(0)52 54/32 17.

6
42 km
–

In Oetz rechts Richtung Kühtai abbiegen, dann 42 km bis nach Kematen in Tirol.

Strecke: *Diese kurvenreiche Etappe über den Kühtai-Sattel (2017 m) und durch das herrliche Kühtai ist der parallel verlaufenden Bundesstraße 171 durch das Inntal unbedingt vorzuziehen. Es geht durch verschlafene ehemalige Bergbauerndörfer abseits der Hektik, rechts und links des Lenkers finden sich unzählige Einkehrmöglichkeiten.*

A Ötztaler Gletscherstraße

TOP TIPP

Info: Die Ötztaler Gletscherstraße führt auf satte 2829 m Höhe und damit in hochalpines Gelände. Das Gletscherskigebiet rund um den Rettenbachferner ist im Hochsommer geschlossen, damit entfallen automatisch die Massen an Skitouristen, die das Gebiet ansonsten zu einem der beliebtesten der gesamten Region machen. Gönnen sollte man sich diese aussichtsreiche Strecke an einem sonnigen Wochentag im Sommer vor oder nach der Hauptreisezeit. Die Strecke mit bis zu 13 Prozent Steigung hat man dann oftmals nahezu für sich allein. Die Straßenverbindung vom Rettenbach- zum Tiefenbachgletscher führt durch den knapp 2 km langen Rosi-Mittermeier-Tunnel, dem höchst gelegenen Straßentunnel Europas.

7
3 km
–

Geradeaus 3 km an Kematen und der Autobahnauffahrt zur A12 vorbei bis zur 171 fahren.

8
11 km
171

Rechts auf die 171 abbiegen und der Straße 11 km zurück nach Innsbruck folgen.

Strecke: *Wir sind zurück im Inntal – auf viel befahrener Zubringer-Strecke parallel zur Autobahn hinein ins Zentrum von Innsbruck.*

Info: Wer die Zeit hat, sollte sich Innsbruck genauer ansehen. Die Hauptstadt des Bundeslandes Tirol und gleichzeitig fünftgrößte Stadt Österreichs bietet zahlreiche, vor allem kulturelle Highlights. Nicht verpassen sollte man natürlich das Goldene Dachl, Wahrzeichen der Stadt. Sehenswert sind darüber hinaus die im Renaissancestil erbaute Hofkirche, Schloss Ambras südlich der Stadt, die Kaiserliche Hofburg, der Stadtturm, das Tiroler Volkskunstmuseum sowie das Tiroler Landesmuseum Ferdinandeum (www.innsbruck.at).

Restaurant- und Hotel-Tipp: Im original Tiroler Wirtshaus Bierwirt fühlen sich Motorradfahrer bestens aufgehoben. Das Vier-Sterne-Haus bietet Tiroler Küche, Wein und Bierspezialitäten.

Wirtshaus Bierwirt, Bichlweg 2, A-6020 Innsbruck-Amras, Tel. 00 43/(0)5 12/34 21 43, www.bierwirt.at €€€

Tirol, Salzburger Land

5

Über sieben Pässe musst du fahren

Hohe Tauern, Ötztaler Alpen, Stubaier Alpen

ROUTE 5 Tirol, Salzburger Land – Über sieben Pässe musst du fahren

Ⓐ Ausgangsort
Zell am See (A-5700)

Ⓔ Zielort
Zell am See (A-5700)

554 km ★★★★★ ★★★★★

Straßentypen (in Prozent der Streckenlänge)

15 | 85

- Landstraße/asphaltierte Nebenstraße
- Bundesstraße/Schnellstraße

Pass-Überquerungen: 7

Diese Tour können Sie mit Route 3, 4 und 9 kombinieren.

Zell am See-Kaprun Tourismus GmbH
Brucker Bundesstr. 1a
A-5700 Zell am See
Tel. 00 43/(0)65 42/770
welcome@zellamsee-kaprun.com
www.zellamsee-kaprun.com

(→ *weitere Adressen siehe Seite 182*)

Eine Tour der Superlative für alle, die vom Motorradfahren nicht genug bekommen können. Sie ist sehr lang, führt über die schönsten und schwierigsten Pässe und gehört mit zum Besten, was die Ostalpen überhaupt zu bieten haben. Ganz Hartgesottene werden den Kurvenrausch an einem langen Tag auskosten, aber natürlich kann man sich für dieses Vergnügen auch mit bestem Gewissen zwei oder gar drei Tage Zeit lassen.

Route 5
DEUTSCHLAND
CZ
SK
Linz
Salzburg
Wien
Bregenz
ÖSTERREICH
Innsbruck
Graz
HU
CH
Klagenfurt
ITALIEN
SVN
Achenkirch
Guffertspitze 2194
E60
ÖSTERREICH
St. Johann in Tirol
Wörgl
Kitzbüheler Horn 1996
Östliche Karwendelspitze 2537
Achensee
Rofanspitze 2259
A12
Kitzbühel
Salzburg
Jenbach
18
Strass i. Zillertal
Kitzbüheler Alpen
Saalbach
Fügen
Telfs
INNSBRUCK
Schwaz
169
Großer Rettenstein 2366
Zell a. See
Zeller See
A12
E60
16
17
171
Wattens
Kreuzjoch 2558
Mittersill
22
168
23
2
1
Schüttdorf
Imst
Inzing
Kühtai-Sattel
15
Kematen i. Tirol
Wald i. Pinzgau
165
Gerlospass
Kaprun
Bruck a.d. Großglocknerstraße
3
Inn
Sellraintal
2017
Hirzer 2725
19
Zell a. Ziller
Gerlos
21
Salzachtal
Sautens
Oetz
14
Kühtai
Sellrain
Tarzens
165
1531
20
Fusch a.d. Glocknerstraße
Gries i. Sellrain
A13
Tirol
Mayrhofen
Hohe Tauern
3203
107
186
Matrei a. Brenner
Tauernkogel 2988
Kitzsteinhorn
Ötztaler Alpen
Stubaier Alpen
Ruetz
Hintertux
Großvenediger 3666
Edelweißspitze 2577
Ötztal
Kaiser-Franz-Josefs-Höhe
182
Olperer 3476
Hohe Warte 3097
3798 Großglockner
Huben
Gries a. Brenner
Großer Löffler 3379
3499
Dreiherrnspitze
4
1374
Brenner
Heiligenblut
Zillertaler Alpen
A
Sölden
SS12
Möll
Kärnten
Rettenbachferner
186
Timmelsjoch 2509
Ridnauntal
Eisack
Hochschober 3242
8
Huben
Hochgurgl
Top Tipp
13
11
Sterzing
Eisacktal
St. Leonhard
Dölach
Mörtschach
Defereggental
ITALIEN
Antholz-Mittertal
2052
Staller Sattel
108
107
5
SS44
2094
Jaufenpass
SS44bis
12
SS12
Ainet
Winklern
Defereggengebirge
Similaun 3599
St. Sigmund
Bruneck
SP44
7
6
1204
Iselsbergpass
Isel
Möll
St. Martin i. Passeier
St. Leonhard i. Passeier
Mittewald
Mühlbach
SS49
Lienz
Debant
Osttirol
Franzensfeste
Natz-Schabs
9
Olang
E66
Passeiertal
10
Rienz
Toblach
Innichen
100
Lienzer Dolomiten
Drau
Brixen
SS49
Drau
Maria Luggau
981
Gailbergsattel
Route
10 km
Meran
E45
Südtirol
Pragser Wildsee
Dreischusterspitze 3145
Kötschach-Mauthen
A22

Tour-Stationen auf einen Blick

Tourlänge: 554 km

Nr.	Ort	PLZ	GPS-Koordinaten
A	Zell am See	A-5700	N 47 19.425 E 12 47.805
2	Bruck	A-5671	N 47 16.809 E 12 49.352
3	Heiligenblut	A-9844	N 47 02.386 E 12 50.597
4	Winklern	A-9841	N 46 52.330 E 12 52.721
5	Debant	A-9990	N 46 49.788 E 12 48.092
6	Lienz	A-9900	N 46 49.684 E 12 45.455
7	Huben	A-9953	N 46 56.227 E 12 34.411
8	Olang	I-39030	N 46 46.364 E 12 02.496
9	Natz-Schabs	I-39040	N 46 45.931 E 11 38.624
10	Sterzing	I-39049	N 46 53.452 E 11 26.218

Nr.	Ort	PLZ	GPS-Koordinaten
11	St. Leonhard	I-39015	N 46 48.559 E 11 14.690
12	Oetz	A-6433	N 47 12.090 E 10 53.973
13	Kematen in Tirol	A-6175	N 47 16.082 E 11 15.801
14	Innsbruck	A-6020	N 47 15.844 E 11 23.191
15	Strass im Zillertal	A-6261	N 47 23.843 E 11 48.375
16	Zell am Ziller	A-6280	N 47 13.795 E 11 53.608
17	Almdorf Königsleiten	A-5742	N 47 14.617 E 12 07.241
18	Wald im Pinzgau	A-5742	N 47 14.805 E 12 13.454
19	Mittersill	A-5730	N 47 16.859 E 12 28.896
E	Zell am See	A-5700	N 47 19.425 E 12 47.805

Die Übersicht ist fortlaufend nummeriert und enthält neben den Etappenpunkten zur Orientierung ggf. weitere Orte entlang der Route; Referenzsystem der GPS-Koordinaten: WGS84.

1
3 km
–

Von Zell am See 3 km in Richtung Schüttdorf zur Bundesstraße 311 fahren.

Strecke: *Auf der Uferstraße des Zeller Sees.*

Hotel-Tipp: In Saalbach-Hinterglemm, 18 km nordwestlich von Zell am See, findet man in dem bekannten MoHo-Hotel Landhaus Jausern nicht nur eine Unterkunft zum Wohlfühlen, sondern auch einen idealen Startplatz für die große Alpenrunde. Bei Bedarf kann hier auch ein Motorrad gemietet werden.

Landhaus Jausern, Jausernweg 497, A-5753 Saalbach, Tel. 00 43/(0)65 41/73 41, www. jausern.com €€

Der Zeller See mit den Hohen Tauern.

2
3,5 km
311

In Schüttdorf links auf die 311 in Richtung Bischofshofen abbiegen, dann 3,5 km bis Bruck.

Strecke: *Oft viel Verkehr.*

Info: Das Fahrzeugmuseum Vötter in Kaprun lohnt einen Kurzbesuch. Präsentiert wird eine sehenswerte Sammlung historischer Gefährte auf vier und zwei Rädern. Das Museum ist im Hotel Sportkristall untergebracht.

Vötters Fahrzeugmuseum, Schloßstraße 474/621, A-5710 Kaprun, Tel. 00 43/(0)6 99/17 17 13 42, tgl. 10–18 Uhr, www.oldtimer-museum.at

Das Fahrzeugmuseum in Kaprun.

3

48 km

107

In Bruck rechts über den Zubringer auf die 107 abbiegen und auf der Großglocknerstraße 48 km über Fusch bis nach Heiligenblut.

Strecke: *Die mautpflichtige Großglockner-Hochalpenstraße führt sehr steil auf eine Höhe von 2506 m, es gibt Stichstraßen zu den grandiosen Aussichtspunkten an der Edelweißspitze und auf der Franz-Josefs-Höhe.*

Info: Anfang der 30er-Jahre des letzten Jahrhunderts wurde das Projekt Großglockner-Hochalpenstraße als Arbeitsbeschaffungsmaßnahme gestartet. Durchschnittlich 3500 Arbeiter gingen mit Presslufthämmern und reichlich Dynamit zur Sache, 1935 schon wurde die Hochalpenstraße eröffnet. Nachdem die Strecke früher als wichtiger Verkehrsweg zwischen Nord- und Südeuropa diente, ist sie heute eine Sightseeingstrecke: 1,2 Millionen Besucher sind es jedes Jahr, und das allein in den Monaten Juni bis Oktober, denn in der restlichen Zeit ist die Trasse meterhoch verschneit (www.grossglockner.at).

Restaurant- und Hotel-Tipp: Direkt an der Großglocknerstraße, 29 km hinter Fusch, liegt der Gasthof Fuscherlacke, eine urige Hütte mit Sonnenterrasse und Zimmern mit herrlichem Ausblick auf die Bergwelt.

Gasthof Fuscherlacke, A-5672 Fusch an der Großglocknerstraße,
Tel. 00 43/(0)65 45/67 79, www.fuscherlacke.at €

Der königliche Großglockner – auch im Sommer schneebedeckt.

4
22 km
107

Geradeaus durch Heiligenblut und weiter 22 km auf der Bundesstraße 107 bis Winklern fahren.

Info: Reich wurde das Bergdorf Heiligenblut am Großglockner einst durch den Gold- und Silberbergbau. Heute ist der Ort ein beliebtes Ziel für Sommerfrischler und Wintersportler. Wahrzeichen ist die gotische Wallfahrtskirche St. Vinzenz mit ihrem hohen, spitzen Turm, die aus dem 15. Jahrhundert stammt. Wertvollster Schatz des Gotteshauses ist ein spätgotischer, über 10 m hoher geschnitzter Flügelaltar, der im Zentrum die Marienkrönung abbildet.

Die Infostelle des Nationalparks Hohe Tauern befindet sich auf der Franz-Josefs-Höhe und lohnt einen Abstecher. Geboten werden naturkundliche und touristische Informationen über die gesamte Nationalparkregion. Wer Zeit hat, kann sich auch im Hightech-Kino eindrucksvoll fotografierte Filme zum Nationalpark Hohe Tauern ansehen.

Infostelle Nationalpark Hohe Tauern, Kaiser-Franz-Josefs-Höhe an der Großglockner-Hochalpenstraße, A-9844 Heiligenblut, Tel. 00 43/(0)48 24/246 12, Mai–Okt. tgl. 10–17 Uhr, www.hohetauern.at

Restaurant- und Hotel-Tipp: Der Gasthof Post in Mörtschach ist ein uriges Haus direkt an der Großglocknerstraße im Mölltal mit guter, bodenständiger Küche zu fairen Preisen.

Gasthof Post, A-9842 Mörtschach, Tel. 00 43/(0)48 26/204 €

A Mölltal

Info: Vom Scheitelpunkt der Großglocknerstraße geht es bergab ins Alpendorf Heiligenblut, das schon zu Kärnten gehört. Auf dem Weg ins Mölltal bietet sich eine wunderbare, meist einspurige Alternativstrecke an, die gleich hinter der Mautstation links Richtung Apriach abzweigt und unterhalb von Sagritz wieder auf die Großglocknerstraße stößt.

Bergab auf der Nebenstrecke bei Apriach.

5
13 km
107

Geradeaus durch Winklern, auf der 107 bleiben und 13 km Richtung Lienz bis hinter Debant fahren.

Strecke: *Kurvenfahrt über den Iselsbergpass (1204 m) mit toller Aussicht auf die Lienzer Dolomiten.*

Event-Tipp: Mit viel Kleinstadtcharme und an sonnigen Tagen sogar mit südländischem Flair empfängt die Stadt Lienz ihre Besucher. Anfang August hallt Musik durch alle Straßen, und die Lienzer zeigen sich in ihrer feinsten Tracht beim traditionellen Lienzer Altstadtfest (www.lienzer-altstadtfest.at).

Hotel-Tipp: Das Motorradhotel Iselsberger Hof liegt etwas nördlich von Lienz direkt am Iselsbergpass und bietet alles, was Biker brauchen: Trockenraum, Waschplatz, Schrauberecke, Ersatzteil- und Anhängerservice. Zudem gibt es Tourentipps und geführte Touren für Enduros und Straßenmaschinen.
Iselsberger Hof, A-9991 Iselsberg 42, Tel. 00 43/(0)48 52/641 12, www.iselsbergerhof.at €

6
3,5 km
100

Nach Debant im Kreisel die 1. Ausfahrt auf die 100 Richtung Felbertauern nehmen und 3,5 km durch Lienz bis zum Kreisverkehr an der 108.

7
19 km
108

Jetzt im Kreisel auf die 108 abbiegen (2. Ausfahrt) und der Felbertauern-Bundesstraße 19 km bis Huben folgen.

Strecke: *Breite, schnelle Straße.*

8
58 km
–
SP44

In Huben links in Richtung Defereggental bzw. Staller Sattel/Antholz und 58 km bis nach Olang in Südtirol fahren.

Strecke: *Durchs idyllische Defereggental hinauf zum Staller Sattel (2052 m); die Abfahrt ins Antholzer Tal ist einspurig und wird per Ampelschaltung mit sehr langen Schaltintervallen geregelt.*

Info: Der Staller Sattel ist nur von Mitte Mai bis Ende Oktober in der Zeit von 5.30 bis 22.15 Uhr geöffnet. Der Pass ist nach wie vor mautfrei. Zwar hatte die Südtiroler Regierung die Einführung einer Straßenmaut geplant, sie dann aber auf unbestimmte Zeit verschoben. Genießen sollte man den herrlichen Rundumblick ins liebliche Osttirol hinein, ins Antholzer Tal sowie auf das Massiv der eindrucksvollen Rieserfernergruppe.

Traumhafte Landschaft und temperamentvolle Kurven warten am Staller Sattel.

9
38 km
SS49

Vor Olang rechts abbiegen in Richtung Brixen und 38 km der SS49 über Bruneck bis zur Brennerstraße bei Natz-Schabs folgen.

Strecke: *Verbindungspassage über die oft volle Pustertalstraße.*

10
23 km
SS12

Vor der Auffahrt zur Brennerautobahn rechts über den Zubringer auf die SS12 abbiegen, dann 23 km bis nach Sterzing.

Strecke: *Auf der alten Brennerstraße durchs Eisacktal parallel zur Brenner-Autobahn.*

11
37 km
SS44

Vor Sterzing links auf die SS44 abbiegen und 37 km bis St. Leonhard fahren.

Strecke: *Super-Kurvenspaß über den Jaufenpass (2094 m). Mittlerer Schwierigkeitsgrad, der Straßenbelag ist stellenweise auch mittelmäßig.*

Info: Die Passhöhe ist ein gut besuchter Bikertreff. Hier genießt man erneut eine grandiose Aussicht. Ein Kiosk in einer Blockhütte sorgt für die Bewirtung und den Andenkenverkauf.

Bei St. Leonhard im Passeier.

Tipp: Gasthaus Bucherkeller

Info: Im Bucherkeller in St. Martin etwas südlich von St. Leonhard werden »Brettl Marende«, hausgemachter Speck, selbst angebauter Wein und Nudelgerichte im Pfandl serviert. Ein Abstecher, der sich überaus lohnt.

Bucherkeller, Kellerlahn 4, I-39010 St. Martin in Passeier, Tel. 00 39/04 73/65 00 15.

12
29,5 km
SS44bis

In St. Leonhard rechts in Richtung Timmelsjoch abbiegen und der SS44bis 29,5 km bis zur Passhöhe folgen.

Top Tipp

Strecke: *Superkurven für Profis bis hinauf auf 2509 m Höhe. Auf italienischer Seite ist die gut ausgebaute Rampe seit einiger Zeit für Kraftfahrzeuge über 8 Tonnen, Anhänger-Gespanne und Busse gesperrt, was das Fahrvergnügen erheblich gesteigert hat.*

Pausieren und staunen: Blick über das Ötztal.

13
54 km
186

An der Passhöhe Timmelsjoch weiter geradeaus nach Österreich und 54 km auf der 186 über Sölden bis nach Oetz fahren.

Strecke: *Auf mautpflichtiger, aber gut ausgebauter und kurvenreicher Strecke geht es durch das herrliche Ötztal.*

Restaurant- und Hotel-Tipp: Der Hausherr des Biker-Gasthofs Post ist selbst passionierter Biker – nicht umsonst hat man ihm den Zweitnamen »Ötzi-Rider« gegeben. Für Leckeres gegen den großen und kleinen Hunger sorgt seine ausgezeichnete Küchencrew.

Biker-Gasthof Post, Dorfstraße 46, A-6432 Sautens, Tel. 00 43/(0)52 52/62 37, www.gasthof-post.at €€

14
41 km
–

In Oetz rechts Richtung Kühtai und 41 km bis nach Kematen in Tirol fahren.

Strecke: *Ein echter Kurvenreigen auf gut ausgebauter Straße hinauf zum Kühtaisattel (2017 m) ins einsame Sellraintal. Die Abfahrt nach Kematen ist dann eher unspektakulär. Keine Wintersperre. Vorsicht: Immer wieder blockiert freilaufendes Weidevieh die Straße und auch rutschige Kuhfladen auf dem Asphalt können tückisch sein.*

15
3 km
–

Geradeaus an Kematen und an der Autobahnauffahrt zur A12 vorbei und 3 km bis zur 171 fahren.

16
10 km
171

Jetzt rechts auf die 171 abbiegen und der Straße 10 km bis nach Innsbruck folgen.

Strecke: *Viel befahrene Zubringer-Strecke durchs Inntal – parallel zur mautpflichtigen Autobahn – hinein ins Zentrum von Innsbruck.*

Über den Kühtaisattel.

17
39 km
171

In Innsbruck an der Universität links in Richtung Schwaz, weiterhin auf der 171 um die Innenstadt herum und 39 km bis Strass im Zillertal fahren.

Strecke: *Oft volle Bundesstraße durch das Inntal.*

Info: Innsbruck ist die fünftgrößte Stadt Österreichs und Hauptstadt des Bundeslandes Tirol. Beim Bummeln durch die Altstadt kann man die typischen Tiroler Erkerhäuser bestaunen. Das bekannteste, das Goldene Dachl, zieren 2657 feuervergoldete Kupferschindeln.

Tipp: Gasthaus Bierwirt

Info: Im original Tiroler Wirtshaus Bierwirt in Innsbruck fühlen sich Motorradfahrer bestens aufgehoben. Das Vier-Sterne-Haus bietet Tiroler Küche, Wein und Bierspezialitäten und feine, komfortable Zimmer.

Bierwirt, Bichlweg 2, A-6020 Innsbruck-Amras, Tel. 00 43/(0)5 12/34 21 43, www.bierwirt.at €€€

18
22 km
169

In Strass rechts auf die 169 abbiegen und der Bundesstraße 22 km bis Zell am Ziller folgen.

Strecke: *Schneller Streckenabschnitt durch das Zillertal.*

19
27,5 km
165

In Zell rechts von der 169 abfahren, dann links auf die 165 in Richtung Gerlospass abbiegen und 27,5 km bis zum Abzweig bei Königsleiten.

Strecke: *Wunderbare Kurvenstrecke über den Gerlospass (1531 m).*

Das berühmte Goldene Dachl in Innsbruck.

20
10,5 km
165

Vor der Mautstation links auf die 165 abbiegen und 10,5 km bis nach Wald im Pinzgau fahren.

***Strecke:** Auf der alten Gerlosstraße anstelle der mautpflichtigen Strecke, etwas holprig, aber landschaftlich überaus reizvoll.*

21
21 km
165

In Wald im Pinzgau an der T-Kreuzung links und 21 km – weiter auf der 165 – bis Mittersill.

22
25 km
165
168

Im Ortszentrum Mittersill links abbiegen, dem Verlauf der 165 (später 168) durch den Ort folgen und immer geradeaus 25 km bis Schüttdorf.

***Strecke:** Durch das Salzachtal zurück zum Zeller See.*

23
3 km
168

Zwischen Bruckberg und Schüttdorf links abbiegen. 3 km sind es zurück nach Zell am See.

Info: Abkühlung nach einer heißen Motorradtour verschafft ein Besuch in der bis zu 32 m tiefen Sigmund-Thun-Klamm bei Kaprun.
www.kaprun.at/klamm, Mitte Mai–Mitte Sept. tgl. 9–17 Uhr.

E

Über Jahrtausende hat die Kapruner Ache eine schroffe Klamm in den Fels eingeschnitten.

Höhenrausch am Staller Sattel

Lesachtal, Lienzer Dolomiten, Defereggengebirge

6

Ⓐ **Ausgangsort**
Sillian (A-9920)

Ⓔ **Zielort**
Sillian (A-9920)

201 km ★★★ ★★★★

Straßentypen (in Prozent der Streckenlänge)

Landstraße/asphaltierte Nebenstraße	Bundesstraße/Schnellstraße
30	70

Pass-Überquerungen: 3

Diese Tour können Sie mit Route 7 und 8 kombinieren.

Naturarena Kärnten
Hauptstraße 14
A-9620 Hermagor
Tel. 00 43/(0)42 82/31 31
info@naturarena.com
www.tiscover.com/naturarena

(→ *weitere Adressen siehe Seite 182/183*)

Knackige Kurven, viel Natur und einen Hauch von Abenteuer bietet diese Runde, die zwischen den Hohen Tauern im Norden und den schroffen Dolomiten im Süden verläuft. Für Abwechslung ist also gesorgt. Highlights der Route sind die Fahrt durchs romantische Lesachtal, das sich zwischen Lienzer Dolomiten und Karnischen Kamm quetscht, sowie die Abfahrt vom Staller Sattel ins Antholzer Tal auf italienischer Seite.

Route 6
DEUTSCHLAND
CZ
SK
Linz
Wien
Salzburg
Bregenz
ÖSTERREICH
Innsbruck
Graz
HU
CH
Klagenfurt
ITALIEN
SVN
Hinterbichl
Matrei i. Osttirol
Großdorf
Heiligenblut
Rojach
Apriach
Hoher Seekamp 3112
Hilmersberg 2658
Lasörling 3098
Lasörlinggruppe
Hochschober 3240
Petzeck 3283
Sagritz
Sadnig 2745
Mölltal
Möll
Schobergruppe
Mörtschach
St. Jakob i. Defereggen
Görtschach
Huben
Dölach
Defereggental
St. Johann i. Walde
Isel
Felbertauern-Bundesstraße
St. Maria i.d. Au
Antholzer See
2052
Staller Sattel
Osttirol
Weiße Spitze 2962
Ainet
Winklern
Langang
Möll
Antholz-Mittertal
Antholz-Obertal
Defereggengebirge
Iselsbergpass 1204
Lamnitz
Lienz
Nußdorf
Iselsberg
Lainach
Antholz-Niedertal
Gölbner 2943
ÖSTERREICH
Kärnten
Antholzertal
Gsieser Tal
Innervillgraten
Bannberg
Görtschach
Tristacher See
Kreuzeckgruppe
Oberrasen
Toblacher Pfannhorn 2663
Lavant
Nikolsdorf
Niederrasen
Große Sandspitze 2770
Mittewald a.d. Drau
Drautal
Olang
Welsberg
ITALIEN
E A
Sillian
Tassenbach
Abfaltersbach
Oberdrauburg
Rienz
Niederdorf
Toblach
Innichen
Lienzer Dolomiten
Waidach
Schmieden
Drau
1525
Obertilliach
Gailbergsattel 981
St. Veit i. Prags
Außerprags
Pustertal
Kartitsch
Kartitscher Sattel
Karnische Dolomitenstraße
Maria Luggau
Top Tipp
Laas
Toblacher See
Sexten
Untertilliach
Liesing
St. Jakob i. Lesachtal
Pragser Wildsee
Haunold 2966
Lesachtal
Kötschach-
Karnische Alpen
Gail
Mandorf
Dreischusterspitze 3145
Kreuzbergpass
Rienz
1636
Plätzwiese 1991
Mauthen
Monte Peralba 2694
Route
5 km
Schluderbach
Drei Zinnen
Zwölferkofel
SS49
SP44
108
107
100
E66
111
110
1
2
3
4
5
6
7
8
A

Tour-Stationen auf einen Blick

Tourlänge: 201 km

Nr.	Ort	PLZ	GPS-Koordinaten
(A)	Sillian	A-9920	N 46 44.866 E 12 25.110
2	Tassenbach	A-9920	N 46 44.927 E 12 27.871
3	Obertilliach	A-9942	N 46 42.512 E 12 36.961
4	Kötschach-Mauthen	A-9640	N 46 40.259 E 13 00.019
5	Oberdrauburg	A-9781	N 46 44.867 E 12 58.225
6	Lienz	A-9900	N 46 49.684 E 12 45.455
7	St. Johann im Walde	A-9951	N 46 54.311 E 12 37.668
8	Huben	A-9971	N 46 56.222 E 12 34.416
9	St. Jakob	A-9963	N 46 55.006 E 12 19.816
10	Olang	I-39030	N 46 46.364 E 12 02.496

Nr.	Ort	PLZ	GPS-Koordinaten
11	Welsberg	I-39035	N 46 45.666 E 12 05.526
12	Toblach	I-39034	N 46 43.727 E 12 13.272
(E)	Sillian	A-9920	N 46 44.866 E 12 25.110

Die Übersicht ist fortlaufend nummeriert und enthält neben den Etappenpunkten zur Orientierung ggf. weitere Orte entlang der Route; Referenzsystem der GPS-Koordinaten: WGS84.

1
3,5 km
100

Ⓐ

Von Sillian 3,5 km auf der 100 in Richtung Lienz bis nach Tassenbach fahren.

Strecke: *Auftakt zur ersten, langen Traumetappe.*

2
51 km
111

In Tassenbach rechts auf die 111 in Richtung Obertilliach abbiegen und der Bundesstraße 51 km über Maria Luggau bis Kötschach-Mauthen folgen.

Strecke: *Auf der Karnischen Dolomitenstraße durchs wildromantische Lesachtal und dann über den Kartitscher Sattel (1525 m).*

Hotel-Tipps: Das Hotel Refugium Salitterer in Untertilliach residiert in einem wunderschönen alten Bauernhaus. Hier kann man sich stilecht in einem Heubad erfrischen. In Maria Luggau im schönen Lesachtal liegt das Hotel Paternwirt mit herrlichem Blick auf grüne Wiesen, beeindruckende Gipfel und alte, bemalte Bauernhöfe.

Hotel Refugium Salitterer, Aue-Bichl-Winkl 57, A-9942 Untertilliach, Tel. 00 43/(0)48 47/630 30, www.refugium-salitterer.at €€

Gasthof Paternwirt, A-9655 Maria Luggau 30, Tel. 00 43/(0)47 16/288, www.tiscover.com/paternwirt €

Fahrt über den Kartitscher Sattel.

3
14 km
110

In Kötschach-Mauthen links auf die 110, der Bundesstraße 14 km bis nach Oberdrauburg folgen.

Strecke: *Schöne Kurven auf breiter Piste über den Gailbergsattel (981 m). Hervorragendes Ideallinientraining.*

Info: Das »Museum 1915–1918« befindet sich im Rathaus Kötschach-Mauthen und bietet umfassende Informationen zum schrecklichen Alpenkrieg an der Grenze von Österreich-Ungarn und Italien.

»Museum 1915–1918«, Rathaus Kötschach-Mauthen, Kötschach 390, Tel. 00 43/(0)47 15/85 13 32, tgl. 10–13 Uhr, 15–18 Uhr, Sa, So und Feiertag 14–18 Uhr, www.dolomitenfreunde.at

Restaurant- und Hotel-Tipp: Herrschaftlich wohnen kann man im Schloss Manndorf in Kötschach-Mauthen. Im Restaurant werden schmackhafte und zudem gesunde Gerichte serviert – der Küchenchef setzt auf Produkte aus biologischem Anbau.

Schloss Manndorf, Manndorf 1, A-9640 Kötschach-Mauthen, Tel. 00 43/(0)47 15/292, www.schlossmanndorf.at €

4
22 km
100

In Oberdrauburg links abbiegen und 22 km auf der Bundesstraße 100 bis nach Lienz – durch die Stadt.

Strecke: *Schnelle Fahrt durchs Tal der Drau.*

Tipp: MoHo-Hotel Gailtaler Hof

TOP TIPP **Info:** Der Gailtaler Hof in Kötschach-Mauthen ist ein angenehmes MoHo-Motorradhotel, das ganz und gar auf den Motorradtourismus eingestellt ist. Abschließbare Unterstellplätze, Trockenraum, Schrauberecke und Waschplatz sind vorhanden, auch Tourenkarten werden zur Verfügung gestellt. Tipps aus erster Hand bekommt man von Wirtin Christine Engl persönlich, die selbst passionierte Bikerin ist. Eine pfiffige Besonderheit des Hauses: Wer will, kann sein Motorrad auch in einem »Motohome« abstellen, einer Art Luxusgarage mitten im Haus. So hat man seinen Liebling selbst vom Speisesaal aus immer im Blick.

Gailtaler Hof, A-9640 Kötschach-Mauthen 245, Tel. 00 43/(0)47 15/318, www.gailtalerhof.com €€

5
19 km
108

Im Kreisel am Ortsausgang von Lienz rechts (2. Ausfahrt) auf die 108, der Felbertauern-Bundesstraße 19 km bis Huben folgen.

Strecke: *Breite, schnelle Straße.*

6
58 km
–
SP44

In Huben links Richtung Defereggental/Staller Sattel abbiegen und 58 km – nach der Grenze auf der SP44 – bis ins italienische Olang fahren.

Strecke: *Durchs idyllische Defereggental hinauf zum Staller Sattel (2052 m). Die Abfahrt ins Antholzer Tal ist einspurig und wird per Ampelschaltung geregelt.*

Info: Am Staller Sattel genießt man einen herrlichen Rundumblick ins liebliche Osttirol, in das ebenso schöne Antholzer Tal sowie auf das Massiv der ewig weiß leuchtenden Rieserfernergruppe. »Ferner« heißt so viel wie Gletscher, und die funkeln in 3000 m Höhe auch während der Motorradsaison. Zeit zum Schauen hat man genug, denn die unerbittliche Ampelsteuerung steht lange 45 Minuten auf Rot.

Alpine Landschaft am Staller Sattel.

Brücke im Defereggental.

7
5,5 km
SS49

An der Einmündung auf die Umgehungsstraße von Olang links auf die SS49 und 5,5 km bis nach Welsberg (Monguelfo).

Strecke: *Auf der verkehrsreichen SS49 durchs Pustertal.*

Restaurant- und Hotel-Tipp: Ein preiswertes, schön gelegenes Haus mit richtig guter Küche ist das Hotel Dolomiten in Welsberg. Abends gibt es ein 4-Gänge-Menü, am Morgen lockt einen das duftende, reichhaltige Frühstücksbuffet aus dem Bett.

Hotel Dolomiten, Bahnhofstraße 13, I-39035 Welsberg (Monguelfo), Tel. 00 39/04 74/94 41 46 €

Restaurant-Tipp: Der Brückenwirt im Gsieser Tal serviert frische Spezialitäten der Südtiroler Küche – lecker!

Brückenwirt, Wiesen 7a, I-39035 Welsberg (Monguelfo), Tel. 00 39/04 74/95 02 59.

8
27,5 km
SS49
100

Geradeaus auf der SS49 an Welsberg vorbei zur italienisch-österreichischen Staatsgrenze. Zurück zum Ausgangspunkt Sillian sind es 27,5 km.

E

A Pragser Wildsee, Plätzwiese

Info: Kurz hinter Welsberg lohnt sich ein Abstecher hinauf zum Pragser Wildsee oder zur Plätzwiese.

Restaurant- und Hotel-Tipp: Der Berggasthof Plätzwiese liegt direkt am Parkplatz des Hochplateaus, serviert rustikale Südtiroler Spezialitäten und bietet eine günstige Unterkunft.

Berggasthof Plätzwiese, Außerprags 58, I-39030 Prags, Tel. 00 39/04 74/74 86 50, www.plaetzwiese.com €

7 Drei Pässe und Drei Zinnen

Lienzer Dolomiten, Karnische Alpen, Pustertal

ROUTE 7 Osttirol, Kärnten – Drei Pässe und Drei Zinnen

Ⓐ Ausgangsort
Kötschach-Mauthen
(A-9640)

Ⓔ Zielort
Kötschach-Mauthen
(A-9640)

214 km ★★★★ ★★★

Straßentypen (in Prozent der Streckenlänge)

25 | 75

- Landstraße/asphaltierte Nebenstraße
- Bundesstraße/Schnellstraße

Pass-Überquerungen: 3

Diese Tour können Sie mit Route 6 und 8 kombinieren.

Naturarena Kärnten
Hauptstraße 14
A-9620 Hermagor
Tel. 00 43/(0)42 82/31 31
info@naturarena.com
www.tiscover.com/naturarena

(➔ *weitere Adressen siehe Seite 183*)

Willkommen zu dieser reizvollen Zwei-Länder-Tour, die durch Österreich und Italien beziehungsweise durch Kärnten, Osttirol, Südtirol, das Veneto und das Friaul führt. Logisch, dass sich da reichlich Kurven unters Gummi schleichen und man einen kunterbunten Strauß an landschaftlicher Schönheit und mit dem Gailbergsattel, Kreuzberg- und Plöckenpass drei atemberaubende Pässe erlebt!

Route 7
DEUTSCHLAND
CZ
SK
Linz
Wien
Salzburg
Bregenz
ÖSTERREICH
Innsbruck
Graz
HU
CH
ITALIEN
Klagenfurt
SVN
Osttirol
Defereggengebirge
Gölbner
2943
Isel
Ainet
Lienz
Nußdorf
Iselsbergpass
1204
Iselsberg
Winklern
St. Maria
i.d. Au
Möll
Lamnitz
Lainach
Kreuzeck
2701
Hochkreuz
2709
Kreuzeckgruppe
Hochtristen
2536
Debant
Görtschach
Leisach-
Gries
Tristach
Bannberg
Pustertaler
Höhenstraße
St. Justina
E66
100
1620
Lienzer-
Dolomiten-
Hütte
Lavant
Nikolsdorf
ÖSTERREICH
Toblacher Pfannhorn
2663
Tessen-
berg
Anras
Mittewald
a.d. Drau
Sillian
Abfaltersbach
Drau
Oberdrauburg
Greifenburg
Toblach
Innichen
SS49
Hein-
fels
Strassen
Lienzer Dolomiten
Waidach
110
Gailbergsattel
981
Pustertal
Kartitsch
1525
Kartitscher
Sattel
Obertilliach
111
Maria Luggau
Kärnten
Sarlkofel
2378
Toblacher
See
Sexten
Untertilliach
Liesing
Laas
Reißkofel
2371
Trentino-
SS52
Lesachtal
Kötschach-
Mandorf
Dreischusterspitze
3145
Kreuzbergpass
Karnische
St. Jakob
i. Lesachtal
Rienz
Plätz-
wiese
Alto Adige
1636
Mauthen
Grafendorf
Gail
Monte Peralba
2694
Drei Zinnen
2999
Zwölferkofel
3094
Schluderbach
Padola
Hohe Warte
2780
1357
Plöckenpass
Top
Tipp
Alpen
Monte
Cristallo
3221
ITALIEN
Comelico
Monte Rinaldo
2473
Avoltri
Timau
Misurina
Karnische
Dolomitenstraße
SR355
SS355
Monte Paularo
2043
1805
Passo Tre
Croci
Auronzo
di Cadore
S. Stefano
di Cadore
S. Pietro
di Cadore
Sappada
Monte Cimon
2422
Rigolato
Friaul
SS52bis
Passo
di Lanza
1552
Ligosullo
Veneto
Piave
Terza grande
2586
Sostasio
Paluzza
Paularo
Cimon del Froppa
2932
Dolomiten
Pesariis
Comeglians
Povolaro
SS465
Sutrio
Monte Pieltinis
2027
Ovaro
Route
5 km

Tour-Stationen auf einen Blick

Tourlänge: 214 km

Nr.	Ort	PLZ	GPS-Koordinaten
A	Kötschach-Mauthen	A-9640	N 46 39.754 E 12 59.970
2	Oberdrauburg	A-9781	N 46 44.865 E 12 58.227
3	Nikolsdorf	A-9782	N 46 47.104 E 12 54.392
4	Görtschach	A-9991	N 46 48.775 E 12 50.724
5	Lavant	A-9900	N 46 47.834 E 12 50.406
6	Lienz	A-9900	N 46 49.897 E 12 46.723
7	Leisach-Gries	A-9900	N 46 48.211 E 12 44.736
8	Bannberg	A-9911	N 46 48.042 E 12 41.214
9	St. Justina	A-9911	N 46 47.258 E 12 35.107
10	Anras	A-9912	N 46 46.332 E 12 33.329

Nr.	Ort	PLZ	GPS-Koordinaten
11	Abfaltersbach	A-9913	N 46 45.505 E 12 31.755
12	Strassen	A-9920	N 46 44.966 E 12 29.288
13	Tessenberg	A-9920	N 46 45.223 E 12 27.966
14	Heinfels	A-9920	N 46 44.972 E 12 26.478
15	Innichen	I-39038	N 46 43.788 E 12 15.857
16	Padola	I-32040	N 46 36.233 E 12 29.079
17	San Stefano	I-32045	N 46 33.481 E 12 32.938
18	Comeglians	I-33023	N 46 30.595 E 12 51.978
19	Sutrio	I-33020	N 46 30.803 E 13 00.108
E	Kötschach-Mauthen	A-9640	N 46 39.754 E 12 59.970

Die Übersicht ist fortlaufend nummeriert und enthält neben den Etappenpunkten zur Orientierung ggf. weitere Orte entlang der Route; Referenzsystem der GPS-Koordinaten: WGS84.

1
14 km
110

Von Kötschach-Mauthen 14 km auf der Bundesstraße 110 bis nach Oberdrauburg fahren.

Strecke: *Schöne Kurven auf breiter Piste über den Gailbergsattel (981 m). Hervorragendes Ideallinientraining.*

Info: Entspannung und Spaß an heißen Sommertagen bietet das Erlebnisbad Aquarena in Kötschach-Mauthen. Von der Liegewiese aus hat man einen herrlichen Blick auf die umliegenden Berge. Der Wellness-Bereich bietet Sauna, Dampfbad und Massagen.

Aquarena, Kötschach 370, A-9640 Kötschach-Mauthen, Tel. 00 43/(0)47 15/567, www.aquarena.info

Restaurant- und Hotel-Tipp: Finden Sie nicht auch, dass ein Motorrad in Sachen Unterkunft nur das Beste verdient? Im speziell auf Biker eingerichteten MoHo-Hotel Gailtaler Hof in Kötschach-Mauthen können die Zweiräder auf Wunsch im »Motohome« untergebracht werden, einer Art Edelgarage mitten im Haus. Sogar vom Speisesaal aus hat man so sein liebstes Spielzeug stets im Blick. Auch sonst bietet der Gailtaler Hof alles, was Biker brauchen: Unterstellplätze, Trockenraum, Schrauberecke und Waschplatz sind vorhanden. Wirtin Christine Engl ist selbst Bikerin und gibt gerne Touren-Tipps.

Gailtaler Hof, A-9640 Kötschach-Mauthen 245, Tel. 00 43/(0)47 15/318, www.gailtalerhof.com €€

Genussvolles Cruisen in den Lienzer Dolomiten.

2
3,5 km
100

In Oberdrauburg links auf die Bundesstraße 100 Richtung Lienz und 3,5 km bis zum Abzweig nach Nikolsdorf fahren.

Strecke: *Schnelle Fahrt durchs Tal der Drau.*

3
7 km
–

Am Abzweig rechts in Richtung Nikolsdorf, dann 7 km bis zur Wiedereinmündung auf die 100.

Strecke: *Landschaftlich reizvolle Nebenstrecke.*

Restaurant- und Hotel-Tipp: Der historische Dorfgasthof Tschitscher liegt im idyllischen Ort Nikolsdorf abseits der Hauptstraße. Eine Motorradgarage ist vorhanden. Im Restaurant stehen regionaltypische Gerichte auf dem Speiseplan.

Dorfgasthof Tschitscher, A-9782 Nikolsdorf Nr. 21, Tel. 00 43/(0)48 58/82 19, www.dorfgasthof.at €

4
2,5 km
100

An der Einmündung rechts auf die Bundesstraße 100 und 2,5 km in Richtung Lienz fahren.

Strecke: *Erneut auf der Schnellstraße durchs Tal der Drau.*

5

9 km

–

In Görtschach links abbiegen und 9 km über Lavant bis nach Lienz.

Strecke: *Asphaltierte Panoramastraße mit Abstechermöglichkeit zur Lienzer-Dolomiten-Hütte.*

Info: Jedes Jahr im Mai ist die Wallfahrtskirche Maria Lavant Treffpunkt zahlreicher Wallfahrer. Die Kirche wurde 1770 errichtet und birgt im Inneren eine prächtige barocke Ausstattung.

Wallfahrtskirche Maria Lavant, Pfarrhof 4, A-9900 Lavant, Tel. 00 43/(0)48 52/682 15.

Hotel-Tipp: Das empfehlenswerte Motorradhotel Iselsberger Hof, etwas nördlich von Lienz direkt am Iselsbergpass, bietet neben komfortablen Zimmern auch einen Waschplatz, eine Schrauberecke, sowie einen Ersatzteil- und Anhängerservice. Vermittelt werden auch Mietmotorräder. Nicht zuletzt gibt es Tourentipps sowie geführte Touren für Enduros und Straßenmaschinen.

Iselsberger Hof, A-9991 Iselsberg 42, Tel. 00 43/(0)48 52/641 12, www.iselsbergerhof.at €

A Lienzer-Dolomiten-Hütte

Info: Die gemütliche Lienzer-Dolomiten-Hütte (1620 m) ist über eine Mautstraße von Tristach aus leicht zu erreichen. Von der Terrasse aus kann man bei gutem Wetter sogar den Großvenediger erkennen, den mit 3382 m vierthöchsten Berg Österreichs.

Dolomitenhütte, A-9900 Amlach 39,
Tel. 00 43/(0)6 64/225 37 82,
www.dolomitenhuette.at

Im Spiegel genauso schön wie in natura: die Lienzer Dolomiten.

6
4,5 km
100

In Lienz links auf die Bundesstraße 100. Nach 1,5 km am Kreisel die 4. Ausfahrt nehmen und 3 km – wieder auf der 100 – bis Leisach-Gries fahren.

Strecke: *Auf breiter Bundesstraße durch die Stadt und hinaus.*

7
22 km
–

In Leisach-Gries rechts abbiegen in Richtung Bannberg und der ausgeschilderten Pustertaler Höhenstraße 22 km bis St. Justina folgen.

Strecke: *Aussichtsreiche Fahrt steil bergan.*

Info: Auf der Pustertaler Höhenstraße schraubt man sich von Leisach aus fast wagemutig auf eine Seehöhe von 1800 m. Erst ab Abfaltersbach geht es wieder bergab. Die Gashand sollte man hier disziplinieren, denn diese betörende Schmankerl-Etappe der absoluten Extraklasse ist einfach zu schön, um sie im Eiltempo zu durchfahren. Die Gebirgsidylle Osttirols erlebt man fast aus der Vogelperspektive, nur linker Hand übersteigen die mächtigen Lienzer Dolomiten wild und zackig die Szenerie.

Die »Sonnenstadt« Lienz in Osttirol.

8

7,5 km

–

In St. Justina rechts abbiegen, weiterhin auf der Pustertaler Höhenstraße 7,5 km über Anras bis Abfaltersbach fahren.

Strecke: *Der ausgeschilderten Pustertaler Höhenstraße folgen.*

Info: Das hochfürstbischöflich-brixnerische Pfleggerichtshaus Schloss Anras aus dem 13. Jahrhundert wurde 1754 im Barockstil erweitert. Heutzutage beherbergt es ein Gerichtsmuseum mit Ausstellungen zum Strafvollzug von 1499 bis heute und zeigt in Sonderausstellungen Werke internationaler Künstler.

Pfleggerichtshaus Schloss Anras, Anras 45, A-9912 Anras, Tel. 00 43/(0)48 46/65 95, Mo–Fr 10–12 Uhr, 14–17 Uhr, So 15.30–17.30 Uhr.

Restaurant- und Hotel-Tipp: Auf der Sonnenterrasse des Pustertals liegt das Landhotel Pfleger, in dem Motorradfahrer besonders willkommen sind. Auch ein Boxenstopp nur zum Einkehren lohnt sich. Die Küche des Hauses wurde mehrfach ausgezeichnet.

Hotel Pfleger, Dorf 15, A-9912 Anras, Tel. 00 43/(0)48 46/62 44, www.hotel-pfleger.at €€

Auf der schönen Pustertaler Höhenstraße.

9
3,5 km
100

In Abfaltersbach rechts auf die 100 auffahren und der Bundesstraße 3,5 km bis Strassen folgen.

Strecke: *Kurzes, schnelles Teilstück auf der Bundesstraße.*

Info: Absolut sehenswert ist die Rundkirche zur Heiligsten Dreifaltigkeit in Strassen. Sie zählt mit ihrer einheitlich spätbarocken Architektur und Ausstattung zu den reizvollsten Gotteshäusern in Tirol.

Hotel-Tipp: Das Hotel Strasserwirt in Strassen ist ein auf Motorradfahrer eingestelltes Haus mit eigener Garage, Schrauberecke, Trockenraum und Waschplatz. Auch geführte Touren werden auf Wunsch angeboten.

Hotel Strasserwirt, Strassen 6, A-9920 Strassen, Tel. 00 43/(0)48 46/63 54, www.strasserwirt.com €€

Kirche zur Heiligsten Dreifaltigkeit in Strassen.

10
6,5 km
–

In Strassen rechts in Richtung Tessenberg abbiegen und 6,5 km bis Heinfels fahren.

Strecke: *Wieder ein paar Kilometer Motorradgenuss auf einem einsamen Sträßchen anstelle der viel befahrenen Bundesstraße im Tal.*

Info: Im Norden des Pustertals liegt strategisch günstig die Burg Heinfels. Sie wurde angeblich im 5. Jh. von den Hunnen gegründet. Die imposante Wehranlage kann nur von außen besichtigt werden.

Uralt und sagenumwoben: Burg Heinfels.

11
14,5 km
100
SS49

In Heinfels rechts auf die Bundesstraße 100 in Richtung italienischer Grenze und 14,5 km auf der SS49 bis nach Innichen (San Candido) fahren.

Strecke: Auf der verkehrsreichen Bundesstraße durchs Pustertal.

Info: Die 66 m lange »Punbrugge«, die in Heinfels den Villgratenbach überspannt, sollte man sich kurz genauer ansehen. Sie wurde 1781 von schwäbischen Zimmerleuten erbaut und gilt als eine der schönsten Holzbrücken Tirols.

12
26,5 km
SS52

Hinter Innichen links auf die SS52 abbiegen, dann 26,5 km bis Padola.

Strecke: Herrliche Strecke über den Kreuzbergpass (1636 m) nach Venetien mit wunderbarer Aussicht auf die Drei Zinnen.

Restaurant- und Hotel-Tipp: Oben auf dem Kreuzbergpass steht das Hotel Kreuzbergpass, ein anspruchsvolles Haus mit Spitzenküche, die der Pustertaler Tradition treu geblieben ist. Motorradfahrer sind hier gern gesehene Gäste.

Hotel Kreuzbergpass, I-39030 Sexten/Südtirol, Tel. 00 39/04 74/71 03 28, www.kreuzbergpass.com €€€

Die überdachte »Punbrugge« im Pustertal ist ein architektonisches Kleinod.

13
11 km
SS52

Geradeaus durch Padola und 11 km – weiterhin auf der SS52 – über Comelico bis San Stefano fahren.

Strecke: *Die Etappe führt über die Karnische Dolomitenstraße.*

14
36 km
SR355
SS355

In San Stefano links abbiegen und 36 km auf der SR355 – später auf der SS355 – über Sappada bis nach Comeglians fahren.

Strecke: *Landschaftlich wie fahrerisch wunderschöne Straße.*

Info: Die Gegend um Sappada ist eine nur wenig bekannte Enklave deutscher Sprache. Das von den Berggruppen der Terza, des Ferro und des Siera überragte Gebiet wurde schon um das Jahr 1000 von Tirolern besiedelt. Zahlreiche Spuren dieser historischen Wurzeln finden sich noch im Dialekt, in der Bauweise der alten Holzhäuser, auf den Speisezetteln der Gasthäuser und in vielen volkstümlichen Bräuchen, die hier heute noch gelebt werden.

Einsame Strecke nahe Sappada.

15
15 km
SS465

In Comeglians links auf die SS465 in Richtung Paluzza abbiegen und der Straße 15 km bis hinter Sutrio folgen.

Strecke: *Einsame Straße durch liebliche Landschaft mit Blick über das Val di Lauco.*

16
31 km
SS52bis
110

An der T-Kreuzung mit der SS52bis links in Richtung Österreich abbiegen und 31 km über Paluzza und den Plöckenpass zurück nach Kötschach-Mauthen.

TOP TIPP

Strecke: *Die Südrampe des Plöckenpasses (1357 m) bietet etliche Kehren, vier davon sogar im Tunnel. Die Abfahrt auf österreichischer Seite ist verbreitert worden. Ganzjährig geöffnet.*

Info: Der Plöckenpass (Passo di Monte Croce Carnico) ist neben dem Nassfeldpass die einzige Straße über die Karnischen Alpen. Er verbindet das österreichische Kärnten mit dem italienischen Friaul. Auf der Passhöhe sollte man einen Stopp einplanen, hier gibt es einen tollen Rundumblick. Sehenswert ist auch das Freilichtmuseum Plöckenpass, das an den Ersten Weltkrieg erinnert.

Reizvolle Exkursion in die italienischen Dolomiten.

Rund um Goldeck und Kreuzeck

Westkärnten, rund um die Kreuzeckgruppe

8

Ⓐ **Ausgangsort**
Weißensee (A-9762)

Ⓔ **Zielort**
Weißensee (A-9762)

203 km ★★★★ ★★★

Straßentypen (in Prozent der Streckenlänge)

25 | 75

■ Landstraße/asphaltierte Nebenstraße
■ Bundesstraße/Schnellstraße

Pass-Überquerungen: 2

Diese Tour können Sie mit Route 6, 9 und 10 kombinieren.

Weißensee Information
Techendorf 78
A-9762 Weißensee
Tel. 00 43/(0)47 13/222 00
weissensee.tourist@ktn.gde.at
www.weissensee.com

(➔ *weitere Adressen siehe Seite 183*)

Auf geht's zu einer lockeren Tour rund ums Goldeck und um die Kreuzeckgruppe – ein Surf, der auch Fahrern Spaß machen dürfte, die längere Radstände am Bike bevorzugen. Enge Kurven sind auf dieser Route eher die Ausnahme. Umso schöner ist die Landschaft, und bei einem Stopp lernt man oft ebenso herzliche wie selbstbewusste Einwohner kennen, an denen die Schnelllebigkeit unserer Zeit scheinbar vorübergegangen ist.

Route 8
DEUTSCHLAND
CZ
SK
Linz
Wien
Salzburg
Bregenz
ÖSTERREICH
Innsbruck
Graz
HU
Klagenfurt
CH
ITALIEN
SVN
Böseck
2834
Lassach
Obervellach
Sadnig
2745
Reißeck
2965
Koschach
Malta
Kremsbrücke
Außerfragant
Hohe Leier
2774
Gmünd
i. Kärnten
A10
Liesertal
Gurktaler Akpen
Polinik
2784
Stall
Mölltal
Napplach
E55
Rosennock
2440
Osttirol
Winklern
Ainet
Striedenkopf
2749
ÖSTERREICH
Mühldorf
99
Iselsbergpass
1204
Lainach
Kreuzeck
2701
Möllbrücke
Lendorf
Millstätter Alpe
2091
Lienz
Debant
Iselsberg
Hochkreuz
2709
Seeboden
Radenthein
Kreuzeckgruppe
Kärnten
Millstatt
Tristacher See
Lavant
Nikolsdorf
Hochtristen
2536
Spittal
a.d. Drau
Millstätter See
Dellach
Große Sandspitze
2770
Goldeck
2142
Rothenthurn
Lienzer Dolomiten
Oberdrauburg
Dellach
i. Drautal
Greifenburg
Mauthbrücken
Waidach
Drautal
Waisach
Goldeck Panoramastraße
Latschur
2236
Oberdorf
Zlan
Gailbergsattel
981
Weißensee
Top Tipp
Stockenboi
Feistritz a.d. Drau
Maria Luggau
Techendorf
Mösel
Liesing
Kötschach-
Reißkofel
2371
Weißbriach
Boden
Farchtensee
Kreuzen
Lesachtal
St. Jakob
i. Lesachtal
Gitschtal
Jadersdorf
Mauthen
Grafendorf
Gailtal
Windische Höhe
1110
Karnische Alpen
Hermagor
Matschiedl
Rattendorf
Pressegger See
St. Stefan
i. Gailtal
Bleiberg-Kreuth
Hohe Warte
2780
1357
Plöckenpass
Tröpolach
Dobratsch
2167
Route
10 km
ITALIEN
Monte Paularo
Passo di Lanza
1530
Nassfeld
Oisternig
2052

Tour-Stationen auf einen Blick

Tourlänge: 203 km

Nr.	Ort	PLZ	GPS-Koordinaten
A	Weißensee-Oberdorf	A-9762	N 46 43.387 E 13 16.207
2	Hermagor	A-9620	N 46 37.648 E 13 21.859
3	Obervellach	A-9620	N 46 37.920 E 13 23.970
4	St. Stefan	A-9623	N 46 37.014 E 13 31.498
5	Kreuzen	A-9711	N 46 40.185 E 13 34.326
6	Boden	A-9714	N 46 42.099 E 13 26.763
7	Weißensee	A-9714	N 46 42.190 E 13 24.909
8	Boden	A-9714	N 46 42.099 E 13 26.763
9	Stockenboi	A-9714	N 46 43.419 E 13 29.605
10	Zlan	A-9713	N 46 43.604 E 13 34.595

Nr.	Ort	PLZ	GPS-Koordinaten
11	Mauthbrücken	A-9701	N 46 44.569 E 13 35.307
12	Spittal an der Drau	A-9800	N 46 47.969 E 13 29.596
13	Möllbrücke-Altenm.	A-9813	N 46 49.949 E 13 23.146
14	Obervellach	A-9821	N 46 55.899 E 13 11.946
15	Winklern	A-9841	N 46 52.320 E 12 52.721
16	Nußdorf-Debant	A-9990	N 46 49.981 E 12 49.433
17	Greifenburg	A-9761	N 46 45.033 E 13 10.813
E	Weißensee-Oberdorf	A-9762	N 46 43.387 E 13 16.207

Die Übersicht ist fortlaufend nummeriert und enthält neben den Etappenpunkten zur Orientierung ggf. weitere Orte entlang der Route; Referenzsystem der GPS-Koordinaten: WGS84.

1
2 km
–

Von Weißensee-Oberdorf in westlicher Richtung 2 km zur Bundesstraße 87 fahren.

TOP TIPP **Info:** Der fjordähnliche Weißensee, dessen Wasser Trinkqualität aufweist, liegt auf 930 m Höhe eingebettet in ein wunderschönes Naturschutzgebiet. Zwei Drittel seines Ufers sind unverbaut. Beste Voraussetzungen also, um ein wenig auszuspannen oder sich vor oder nach der Tour in den Fluten abzukühlen.

Hotel-Tipp: Die Ruhe des Sees genießen kann man auch im Gasthof Moser, einem gemütlichen Familienbetrieb in Techendorf. Der Chef des Hauses ist leidenschaftlicher Biker und Kenner der Gegend.
Hotel-Gasthof Moser, A-9762 Weißensee, Tel. 00 43/(0)47 13/223 10, www.hotel-moser.at €€

2
19 km
87

An der Einmündung auf die 87 links auffahren und der Bundesstraße 19 km bis nach Hermagor folgen.

Strecke: *Hübsche Strecke durch das Gitschtal.*

Info: Das Gitschtal, ein wahres Kärntner Paradies, liegt rund 800 m über dem Meeresspiegel und beeindruckt mit verträumten Dörfern, in denen die Zeit stehen geblieben zu sein scheint.

3
13 km
87
111

In Hermagor rechts und 1 km weiter der 87 folgen, dann links auf die 111 abbiegen, über den Kreisel und 12 km Richtung Villach bis St. Stefan.

Strecke: *Flotter Surf durchs Gailtal.*

Info: Das Gailtal verläuft in Ost-West-Richtung zu Füßen des Karnischen Kamms und liegt bereits in der adriatischen Schönwetterzone. Man findet unverfälschte Ursprünglichkeit in Landschaft und Natur.

Hotel-Tipp: Ganz auf Motorradfahrer spezialisiert hat sich der Gastwirt und Biobauer Winkler in Tröpolach, nur wenige Kilometer westlich von Hermagor, gleich unterhalb vom Nassfeldpass.
Gasthof Winkler, A-9631 Tröpolach 18, Tel. 00 43/(0)42 85/302, www.ghwinkler.at €

4
9 km
–

Kurz nach St. Stefan die 111 scharf links verlassen, dann 9 km in Richtung Kreuzen fahren.

Strecke: *Zünftiges Kurvenpotpourri über die Windische Höhe (1110 m), das 500 Höhenmeter Anstieg am Stück zu bieten hat.*

Info: Auf der Windischen Höhe eröffnet sich ein prächtiges Panorama. Gleich gegenüber ragt die Karnische Hauptkette in den Himmel, im Osten markieren die Karawanken die Grenze zu Slowenien.

Cruisen zu Füßen der Lienzer Dolomiten.

5
13,5 km
–

Noch vor Kreuzen auf freier Strecke links abbiegen und 13,5 km in Richtung Weißensee fahren.

Strecke: Landschaftlich sehr reizvolle Etappe.

6
3 km
–

Der Abzweigung zum Weißensee nach links folgen und 3 km bis zum Ostufer des Weißensees fahren.

Info: Das schmale, östliche Ende des Weißensees ist ein einsames Fleckchen Erde mit Badestrand und Gasthof. Es ist nur über diese Stichstraße zu erreichen oder mit der Weißensee-Schifffahrt, deren Flotte vom Nordwestufer des Sees ablegt.

Weißensee-Schifffahrt, Mösel 2, A-9714 Stockenboi, Tel. 0043/(0)47 61/242, www.weissensee-schiffahrt.at

Restaurant-Tipp: Einen herrlichen Blick auf den Weißensee hat man von der Sonnenterrasse des Restaurants Ronacher's Einkehr.

Ronacher's Einkehr, Mösel 8, A-9714 Stockenboi/Weißensee-Ostufer, Tel. 00 43/(0)47 61/256, Mi–Mo.

7
3 km
retour

Am Weißensee umkehren und 3 km zurück zur Kreuzung Richtung Feistritz.

8
12 km
–

Geradeaus über die Kreuzung und 12 km über Stockenboi bis nach Zlan.

Strecke: *Hübsche Fahrt am Weißenbach entlang.*

9
3,5 km
–

Kurz vor Zlan links und 3,5 km bis zur T-Kreuzung mit der Bundesstraße 100 in Mauthbrücken fahren.

Strecke: *Kurzes Verbindungsstück zur Bundesstraße durchs Drautal. In Zlan geht es links auch zur Goldeck-Panoramastraße.*

10
20 km
100

In Mauthbrücken links auf die 100 abbiegen und der Bundesstraße über Spittal an der Drau 20 km bis nach Möllbrücke folgen.

Strecke: *Auf schneller Bundesstraße durch das Tal der Drau.*

Info: In Spittal lohnt sich ein Besuch des stimmungsvollen Schlosses Porcia, das 1533 errichtet und vom 17. bis zum 20. Jahrhundert von der friulischen Adelsfamilie Porcia bewohnt wurde. Es liegt im Zentrum der Stadt und zählt zu den bedeutendsten Bauwerken Österreichs im Stil der italienischen Renaissance.

A Goldeck

Info: Die mautpflichtige Goldeck-Panoramastraße führt von Zlan auf 1900 m Seehöhe. Auf der 14,5 km langen Strecke müssen 10 Prozent Steigung überwunden werden – ein Abstecher mit Kurvenspaß vom Feinsten. Und vom Parkplatz am Ende der Straße in Goldeck genießt man schließlich einen wundervollen Panoramablick.

Kärnten – zwischen Blumen und Schnee.

11
50,5 km
106

In Möllbrücke rechts auf die 106 in Richtung Lienz abbiegen und der Bundesstraße 50,5 km über Obervellach bis nach Winklern folgen.

Strecke: *Flotte Strecke durch das Tal der Möll.*

Hotel-Tipp: Im gemütlichen Hotel Pacher in Obervellach fühlt man sich sofort wohl. Es gibt die Möglichkeit zum Trocknen der Motorradkleidung. Zudem bietet das Haus eine eigene KFZ-Werkstatt.
Hotel Pacher, Hauptplatz 64, A-9821 Obervellach, Tel. 00 43/(0)47 82/22 59, www.hotel-pacher.at €

Restaurant-Tipp: Eine typische Dorfgastwirtschaft mit ausgezeichneter Küche und üppigen Portionen ist der Kirchenwirt in Obervellach.
Gasthof Kirchenwirt, Haus Nr. 71, A-9821 Obervellach, Tel. 00 43/(0)47 82/22 25.

Event-Tipp: Rauf auf die Harley und los geht's von Obervellach aus durch das Kärntner Land. Bei der Harley-Davidson-Urlaubswoche treffen sich jedes Jahr im Juni ambitionierte Big-Twin-Fahrer.
Infos und Anmeldung: www.tourenwoche.ch

Das Mölltal in seiner vollen Pracht.

12
12 km
107

In Winklern links auf die 107 abbiegen und der Bundesstraße 11 km Richtung Nußdorf-Debant folgen. In Debant links abbiegen und 1 km bis zur Einmündung in die 100.

Strecke: *Schnelle Kurven über den Iselsbergpass (1204 m).*

Hotel-Tipp: Das empfehlenswerte Motorradhotel Iselsberger Hof direkt am Iselsbergpass bietet neben angenehmer Unterkunft auch Waschplätze, eine Schrauberecke, einen Ersatzteil- und Anhängerservice, Mietmotorräder, Tourentipps sowie geführte Touren für Enduros und Straßenmaschinen.

Iselsberger Hof, A-9991 Iselsberg 42, Tel. 00 43/(0)48 52/641 12, www.iselsbergerhof.at €

Voll auf der Höhe: der Iselsbergpass.

13
32 km
100

Jetzt links auf die 100 in Richtung Spittal und 32 km bis Greifenburg fahren.

Strecke: *An der Drau entlang.*

Info: Die Drau ist ein Nebenfluss der Donau und 749 km lang. Sie entspringt im Südtiroler Pustertal und fließt in Österreich durch Osttirol und Kärnten. In Kroatien mündet sie dann in die Donau. Dank der guten Wasserqualität leben viele Fischarten im Fluss.

14
8 km
87

In Greifenburg rechts auf die 87 fahren, 8 km in Richtung Weißensee/Hermagor bis zur bekannten Abzweigung nach Oberdorf.

Strecke: Reizvolle Bergstrecke.

15
2 km
–

Jetzt links abbiegen. Bis Weißensee-Oberdorf, Endstation der Tour, sind es 2 km.

E

Info: Mölltal, Iselsberg und Drautal, die auf dieser Route angefahren werden, begrenzen die Kreuzeckgruppe, ein kaum bewohnter Gebirgszug, der zu den Hohen Tauern zählt. Die höchsten Gipfel sind Polinik (2784 m), Striedenkopf (2749 m), Hochkreuz (2709 m) und das namensgebende Kreuzeck (2701 m).

Spektakuläre Kulisse: die Iselsbergstraße.

Verstecktes Badeparadies: der Weißensee.

Idyllischer Ausklang einer perfekten Tour: Abendstimmung am Weißensee.

Und ewig grüßt das Murmeltier

Hohe Tauern, Großglockner-Hochalpenstraße

9

Ⓐ **Ausgangsort**
Obervellach (A-9821)

Ⓔ **Zielort**
Obervellach (A-9821)

275 km ★★★★★ ★★★★

Straßentypen (in Prozent der Streckenlänge)

100

- Landstraße/Nebenstraße
- Bundesstraße/Schnellstraße

Pass-Überquerungen: 3

Diese Tour können Sie mit Route 5, 10 und 12 kombinieren.

Tourismusbüro Obervellach
Obervellach 21
A-9821 Obervellach
Tel. 00 43/(0)47 82/25 10
info@obervellach.at
www.obervellach.at

(→ *weitere Adressen siehe Seite 183*)

Der mächtige Großglockner hält eines der schönsten Motorradabenteuer der Ostalpen bereit: Die Großglockner-Hochalpenstraße steigt steil bergan und katapultiert einen regelrecht in eine einmalige Hochgebirgswelt, die fantastische Ausblicke bietet – und aus der sich der Winter nie ganz zurückzieht. In Höhen von rund 2600 Metern ist Schnee neben der Piste selbst im August nichts Ungewöhnliches. Gehen wir es an!

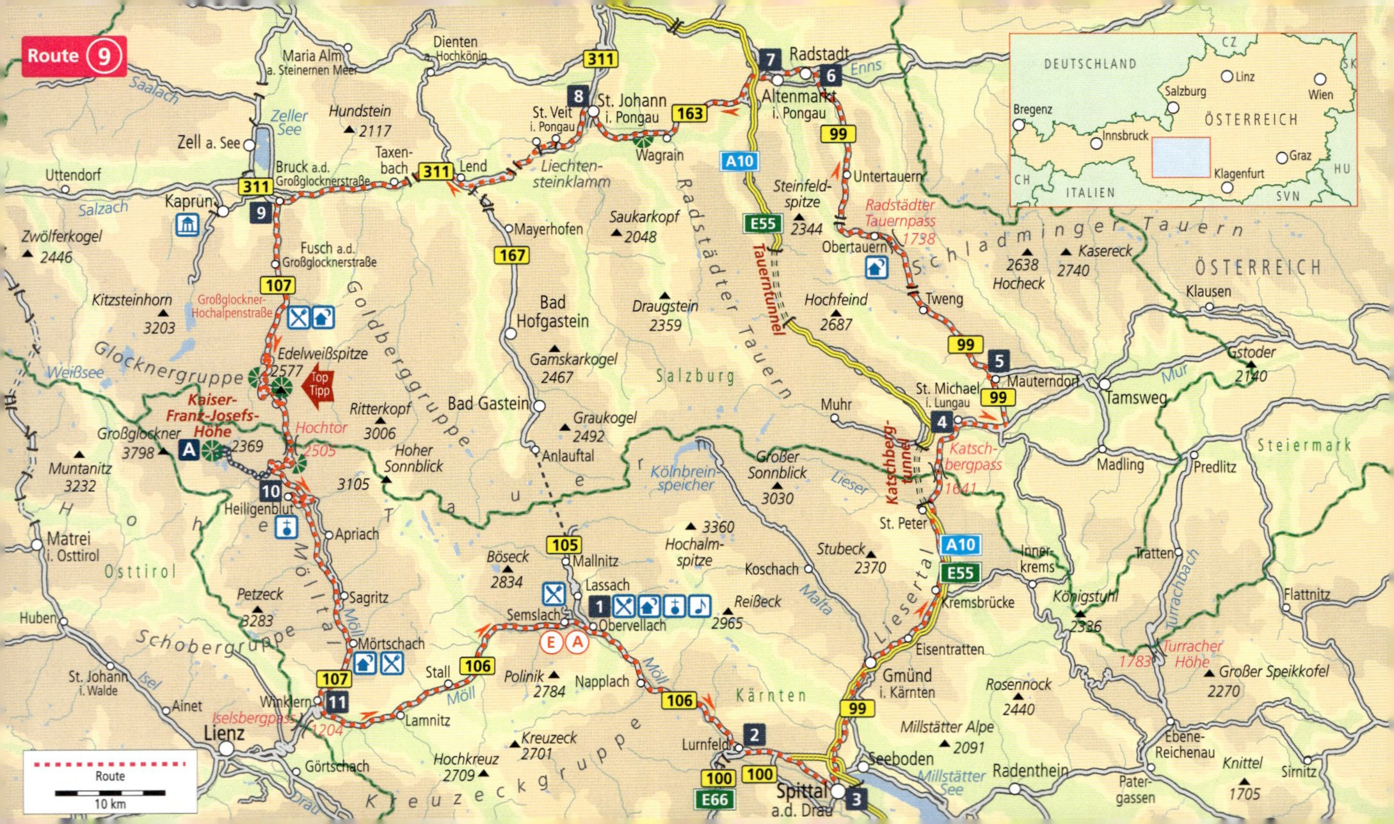
Route 9
Zell a. See
Zeller See
Maria Alm a. Steinernen Meer
Dienten a. Hochkönig
Radstadt
Altenmarkt i. Pongau
St. Johann i. Pongau
St. Veit i. Pongau
Wagrain
Hundstein 2117
Bruck a.d. Großglocknerstraße
Taxenbach
Lend
Liechtensteinklamm
Uttendorf
Kaprun
Salzach
Saalach
Enns
Zwölferkogel 2446
Fusch a.d. Großglocknerstraße
Mayerhofen
Saukarkopf 2048
Steinfeldspitze 2344
Untertauern
Radstädter Tauernpass 1738
Obertauern
Schladminger Tauern
Radstädter Tauern
Tauerntunnel
Kitzsteinhorn 3203
Großglockner-Hochalpenstraße
Goldberggruppe
Bad Hofgastein
Draugstein 2359
Hochfeind 2687
Tweng
2638 Hocheck
Kasereck 2740
Klausen
Glocknergruppe
Weißsee
Edelweißspitze 2577
Top Tipp
Kaiser-Franz-Josefs-Höhe
Gamskarkogel 2467
Salzburg
Mauterndorf
Tamsweg
Gstoder 2140
Mur
St. Michael i. Lungau
Muhr
Bad Gastein
Ritterkopf 3006
Graukogel 2492
Hochtor 2505
Großglockner 3798
2369
Muntanitz 3232
Anlauftal
Hoher Sonnblick 3105
Kölnbreinspeicher
Großer Sonnblick 3030
Lieser
Katschbergtunnel
Katschbergpass 1641
Madling
Predlitz
Steiermark
Heiligenblut
Hohe Tauern
Apriach
Matrei i. Osttirol
Osttirol
Mölltal
Böseck 2834
Mallnitz
3360 Hochalmspitze
Koschach
Stubeck 2370
St. Peter
Innerkrems
Tratten
Turrachbach
Lassach
Reißeck 2965
Malta
Liesertal
Kremsbrücke
Königstuhl 2336
Flattnitz
Petzeck 3283
Sagritz
Semslach
Obervellach
Huben
Schobergruppe
Mörtschach
Möll
Eisentratten
Turracher Höhe 1783
Großer Speikkofel 2270
St. Johann i. Walde
Isel
Stall
Polinik 2784
Napplach
Gmünd i. Kärnten
Rosennock 2440
Kärnten
Ainet
Winklern
Lamnitz
Millstätter Alpe 2091
Ebene-Reichenau
Lienz
Iselsbergpass 1204
Kreuzeck 2701
Lurnfeld
Seeboden
Radenthein
Knittel 1705
Sirnitz
Hochkreuz 2709
Kreuzeckgruppe
Görtschach
Drau
Spittal a.d. Drau
Millstätter See
Patergassen
Route
10 km
DEUTSCHLAND
CZ
SK
Linz
Wien
Salzburg
Bregenz
ÖSTERREICH
Innsbruck
Graz
CH
HU
ITALIEN
Klagenfurt
SVN
311
163
99
A10
E55
167
107
105
106
100
E66
1
2
3
4
5
6
7
8
9
10
11
A
E

Tour-Stationen auf einen Blick

Tourlänge: 275 km

Nr.	Ort	PLZ	GPS-Koordinaten
A	**Obervellach**	A-9821	N 46 56.025 E 13 11.778
2	**Napplach**	A-9816	N 46 53.297 E 13 15.979
3	**Lurnfeld**	A-9813	N 46 49.936 E 13 22.827
4	**Spittal an der Drau**	A-9800	N 46 47.893 E 13 29.753
5	**St. Michael**	A-5582	N 47 05.705 E 13 38.431
6	**Mauterndorf**	A-5570	N 47 08.252 E 13 41.200
7	**Obertauern**	A-5562	N 47 14.954 E 13 33.312
8	**Radstadt**	A-5550	N 47 23.156 E 13 28.340
9	**Altenmarkt**	A-5541	N 47 23.046 E 13 25.771
10	**Wagrain**	A-5602	N 47 20.047 E 13 17.801
11	**St. Johann im Pongau**	A-5600	N 47 21.416 E 13 11.894
12	**Bruck**	A-5671	N 47 16.797 E 12 49.657
13	**Fusch**	A-5671	N 47 13.485 E 12 49.591
14	**Heiligenblut**	A-9844	N 47 02.228 E 12 51.426
15	**Winklern**	A-9841	N 46 52.329 E 12 52.720
E	**Obervellach**	A-9821	N 46 56.025 E 13 11.778

Die Übersicht ist fortlaufend nummeriert und enthält neben den Etappenpunkten zur Orientierung ggf. weitere Orte entlang der Route; Referenzsystem der GPS-Koordinaten: WGS84.

1
20 km
106

Von Obervellach 20 km auf der Bundesstraße 106 über Napplach in Richtung Spittal fahren.

Strecke: *Schnelle Fahrt durchs Mölltal.*

Event-Tipp: Rauf auf die Harley und los geht's von Obervellach aus durch das Kärntner Land. Bei der Harley-Davidson-Urlaubswoche treffen sich jedes Jahr im Juni ambitionierte Big-Twin-Fahrer.
Infos und Anmeldung: www.tourenwoche.ch

2
10 km
100

In Lurnfeld rechts und über die Auffahrt auf die 100 abbiegen, dann 10 km und bis nach Spittal fahren.

Strecke: *Bundesstraße durch das Drautal.*

3
42 km
99

Im Zentrum von Spittal links auf die 99 abbiegen und der Bundesstraße 42 km bis St. Michael folgen.

Strecke: *Zuerst durch das wunderschöne Liesertal, natürlich auf der Bundesstraße und nicht auf der parallel verlaufenden Tauern-Autobahn. Dann geht es über den extrem steilen Katschbergpass (1641 m) mit Steigungen bis zu 20 Prozent.*

Noch etwas Ruhe, bevor es richtig los geht: Die Tour startet im beschaulichen Obervellach.

4
9,5 km
99

In St. Michael auf der 99 bleiben, am Ort vorbei und weiter 9,5 km bis Mauterndorf.

5
38 km
99

In Mauterndorf den Schildern Richtung Obertauern folgen. Dazu rechts und über den Zubringer rechts auf die 99 Richtung Norden auffahren. Der Straße 38 km bis nach Radstadt folgen.

Strecke: *Flotte Fahrt über das breite und gut ausgebaute Teerband des Radstädter Tauernpasses (1738 m).*

Hotel-Tipp: Ein Geheimtipp für Biker: Das MoHo-Motorradhotel Solaria in Obertauern bietet seinen Gästen viel Service rund ums Zweirad. Die Betreiber stehen mit Rat und Tat zur Seite und teilen gerne ihre Tourentipps. Zum Benzingespräch trifft man sich abends an der Bar.
Hotel Solaria, Ringstr. 6, A-5562 Obertauern, Tel. 00 43/(0)64 56/725 00, www.hotel-solaria.at €€

6
3,5 km
99

Bei Radstadt links abbiegen, immer noch auf der 99 durch den Ort und 3,5 km bis Altenmarkt fahren.

Strecke: *Viel Verkehr auf der Katschberg-Bundesstraße.*

7
23 km
163

In Altenmarkt rechts und über den Zubringer auf die 163, dann der Bundesstraße 23 km bis nach St. Johann und durch den Ort folgen.

Strecke: *Vor allem landschaftlich schöne Strecke.*

8
34 km
311

In St. Johann links in Richtung Zell am See abbiegen, 34 km auf der 311 bis Bruck fahren.

Strecke: *Die Bundesstraße durch das Salzachtal ist teilweise breit ausgebaut, aber dennoch landschaftlich reizvoll.*

Info: Ein echtes Naturerlebnis ist die begehbare, wildromantische Liechtensteinklamm 4 km südlich von St. Johann mit ihren steil aufragenden Felsen und tosenden Wasserfällen (www.liechtensteinklamm.at).

Das Fahrzeugmuseum Vötter in Kaprun, westlich von Bruck, präsentiert historische Gefährte auf vier und zwei Rädern. Die Fahrzeugsammlung aus den 1950er- und 1970er-Jahren umfasst derzeit über 150 Exponate. Das Museum ist im Hotel Sportkristall untergebracht.
Vötters Fahrzeugmuseum, Schloßstraße 474/621, A-5710 Kaprun, Tel. 00 43/(0)6 99/17 17 13 42, 10–18 Uhr, www.oldtimer-museum.at

9
48 km
107

In Bruck rechts halten, über den Zubringer links auf die Großglocknerstraße (107) abbiegen, dann über Fusch 48 km bis Heiligenblut fahren.

Strecke: *Die grandiose, aber mautpflichtige Großglockner-Hochalpenstraße führt sehr steil auf eine Höhe von rund 2500 m.*

Info: Anfang der 30er-Jahre des letzten Jahrhunderts wurde das Projekt Großglockner-Hochalpenstraße als Arbeitsbeschaffungsmaßnahme gestartet. Durchschnittlich 3500 Arbeiter gingen mit Presslufthämmern und reichlich Dynamit zur Sache, 1935 schon wurde die Hochalpenstraße eröffnet. Nachdem die Straße früher als wichtiger Verkehrsweg zwischen Nord- und Südeuropa diente, ist sie heute eine Sightseeingstrecke: 1,2 Millionen Besucher kommen jedes Jahr, und das allein in den Monaten Juni bis Oktober, denn in der restlichen Zeit ist die Trasse meterhoch verschneit (www.grossglockner.at).

Restaurant- und Hotel-Tipp: Im Gasthof Fuscherlacke, 29 km hinter Fusch direkt an der Großglocknerstraße, heißen Sie die Wirtsfamilie Haslinger und ihr zahmes Murmeltier »Morfi« willkommen. Zimmer mit Ausblick auf die Bergwelt.

Gasthof Fuscherlacke, A-5672 Fusch an der Glocknerstraße, Tel. 00 43/(0)65 45/67 79, www.fuscherlacke.at €

Tipp: Edelweißspitze

TOP TIPP **Info:** Von der Passhöhe verläuft eine kurze Stichstraße zur Edelweißspitze, dem mit 2571 m höchsten Punkt der Großglockner-Hochalpenstraße. Die Aussicht von der Edelweißspitze ist schlichtweg einmalig. Auf keinen Fall verpassen!

Täglich grüßt das Murmeltier: Am Großglockner kann man die putzigen Nagetiere beobachten.

10

22 km

107

Geradeaus durch Heiligenblut und weiter 22 km auf der Bundesstraße 107 bis Winklern fahren.

Info: Das Wahrzeichen des beliebten Sportortes Heiligenblut am Großglockner ist die gotische Pfarrkirche St. Vinzenz mit ihrem nadelspitzen Turm. Sie wurde im 15. Jahrhundert auf frühchristlich-römischem Fundament errichtet. Interessant ist auch ein Spaziergang über den angrenzenden Bergsteigerfriedhof. Hier erfährt man vieles über Frauen und Männer, deren Schicksal der Berg war.

Die Infostelle des Nationalparks Hohe Tauern auf der Franz-Josefs-Höhe bietet naturkundliche und touristische Informationen über die gesamte Nationalpark-Ferienregion. Ein Kino, das in Sachen Bild und Ton auf dem neuesten digitalen Stand der Technik ist, präsentiert zudem eindrucksvolle Impressionen aus dem Nationalpark Hohe Tauern.

Infostelle Nationalpark Hohe Tauern, Kaiser-Franz-Josefs-Höhe an der Großglockner-Hochalpenstraße, A-9844 Heiligenblut, Tel. 00 43/(0)48 24/246 12, tgl. 10–17 Uhr (Mai–Okt.), www.hohetauern.at

Restaurant- und Hotel-Tipp: Der Gasthof Post in Mörtschach ist ein uriges Haus direkt an der Großglocknerstraße im Mölltal, mit guter, bodenständiger Küche und fairen Preisen.

Gasthof Post, A-9842 Mörtschach, Tel. 00 43/(0)48 26/204 €

A Kaiser-Franz-Josefs-Höhe

Info: Die Franz-Josefs-Höhe (2369 m) ist über eine Stichstraße von Heiligenblut zu erreichen und bietet einen grandiosen Blick auf den höchsten Berg Österreichs, den Großglockner (3798 m). Dutzende Murmeltiere tummeln sich unmittelbar neben den Besuchern, und mit etwas Glück sieht man auch ein paar Steinböcke.

Blick von der Franz-Josefs-Höhe.

11
25 km
106

In Winklern links abbiegen und 25 km auf der Bundesstraße 106 zurück nach Obervellach.

Info: Schon vor 1000 Jahren wurde der Name Vellach zum ersten Mal erwähnt, allerdings dürfte die Siedlung viel älter sein. Denn schon die Kelten gewannen hier das Gold der Tauern und trieben regen Handel mit den Römern. Wegen des erfolgreichen Gold- und Silberbergbaus erlebte die Stadt im 16. Jahrhundert eine regelrechte Blüte. In dieser Zeit wurden in Obervellach zwei wunderschöne gotische Kirchen erbaut und mit wertvollen Kunstschätzen ausgestattet. Die Eröffnung der Tauernbahn im Jahr 1909 brachte wieder eine Belebung der Wirtschaft, und seit dem Zweiten Weltkrieg spielte auch der Tourismus eine immer größere Rolle für Obervellach.

Hotel-Tipp: Im gemütlichen Hotel Pacher in Obervellach fühlt man sich sofort wohl. Es gibt die Möglichkeit zum Trocknen der Motorradkleidung und eine eigene KFZ-Werkstatt.
Hotel Pacher, Hauptplatz 64, A-9821 Obervellach, Tel. 00 43/(0)47 82/22 59, www.hotel-pacher.at €

Restaurant-Tipp: Eine typische Dorfgastwirtschaft mit ausgezeichneter und reichhaltiger Küche ist der Kirchenwirt in Obervellach.
E Gasthof Kirchenwirt, Haus Nr. 71, A-9821 Obervellach, Tel. 00 43/(0)47 82/22 25.

Tipp: Kärntner Schmankerl

Restaurant-Tipp: Echte Kärntner Spezialitäten wie Kletzennudeln und Kasnocken gibt es im Almgasthof Himmelbauer. Er ist über eine 8 km lange, sehr kurvenreiche Zufahrtsstraße erreichbar, die im etwas westlich von Obervellach gelegenen Semslach rechts von der 106 abzweigt.
Almgasthof Himmelbauer, Oberwolliggen 4, A-9821 Obervellach, Tel. 00 43/(0)47 82/20 38, www.himmelbauer.info

Restaurant-Tipp: Urige Hüttenatmosphäre bietet die Launsberghütte mit eigenem Forellenteich: Hier kann man sich sein Mittagessen selbst fangen! Auffahrt über eine Schotterstraße, die vom westlichen Ortsrand in Obervellach hoch zur Hütte führt.
Launsberghütte, Launsberg, A-9821 Obervellach, Tel. 00 43/(0)6 64/180 55 97.

Paradiesische Kurven

Kärntner Seengebiet, Nockberge

10

ROUTE 10 — Kärnten – Paradiesische Kurven

Ⓐ **Ausgangsort**
Faak am See (A-9583)

Ⓔ **Zielort**
Faak am See (A-9583)

204 km ★★★★ ★★★★

Straßentypen (in Prozent der Streckenlänge)

Landstraße/asphaltierte Nebenstraße	Bundesstraße/Schnellstraße
70	30

Pass-Überquerungen: 1

Diese Tour können Sie mit Route 8, 9 und 11 kombinieren.

Kärnten Marketing
Casinoplatz 1
A-9220 Velden
Tel. 00 43/(0)4 63/30 00
info@kaernten.at
www.kaernten.at

(➔ *weitere Adressen siehe Seite 183*)

Kurven, Kurven und nochmals Kurven. So kann man kurz und knapp den Charakter dieser sensationellen Runde beschreiben. Starten Sie die Motoren unten in der Kärntner Seenlandschaft, und schwingen Sie sich – beispielsweise auf der Villacher Alpenstraße – hinauf in die Berge. Höhepunkt der Tour ist der Ritt über die legendäre Nockalmstraße auf 2042 Meter Höhe, mitten durch die Einsamkeit des Nationalparks Nockberge.

Route 10
DEUTSCHLAND
CZ
SK
Linz
Wien
Salzburg
Bregenz
ÖSTERREICH
Innsbruck
Graz
CH
Klagenfurt
HU
ITALIEN
SVN
Stubeck 2370
A10
E55
Malta
Liesertal
13
Kremsbrücke
Kremsbach
Innerkrems
14
Salzburg
Tratten
Steiermark
Turrach
Königstuhl 2336
Flattnitz
Mödringberg 1693
Eisentalhöhe 2040
95
Turracher Höhe 1783
Top Tipp
Nockalmstraße
12
99
Eisentratten
Nationalpark
Gmünd i. Kärnten
Großer Speikkofel 2270
ÖSTERREICH
Rosennock 2440
15
Winkl
Ebene Reichenau
Hochrindl
Gurk
93
Klein-glödnitz
106
Möll
Treffling
Millstätter Alpe 2091
Nockberge
16
Gurk
Kreuzeckgruppe
Möllbrücke
100
Lendorf
11
Unterhaus
Obermillstatt
Patergassen
Knittel 1705
Sirnitz
17
Gurktal
Seeboden
98
Radenthein
Schneebauerberg 1338
100
Spittal a.d. Drau
Millstatt
10
9
Döbriach
93
E66
Dellach
Wöllaner Nock 2145
95
Fuchsgruben
Millstätter See
8
A10
Mirnock 2110
Kärnten
Greifenburg
Goldeck 2142
Himmelberg
Latschur 2236
E55
18
94
87
Oberdorf
Stockenboi
98
Feldkirchen i. Kärnten
Neusach
Unterdrautal
E66
7
Teuchenbach
Glan
Techendorf
Mösel
Innere Einöde
Steindorf
95
Weißbriach
Weißensee
Feistritz a.d. Drau
Ossiacher See
Hoher Gallin 1046
Knasweg
Boden
5
Köttwein
Farchtensee
Kreuzen
Puch
Ossiach
19
95
Gitschtal
Drau
Krastal
4
94
Moosburg
6
Pörtschach
1110
Windische Höhe
94
83
111
Hermagor
Matschiedl
3
20
Rattendorf
Rosstratte
VILLACH
St. Niklas a.d.Drau
21
83
Tröpolach
St. Stefan i. Gailtal
Dobratsch 2166
1732
Lind ob Velden
22
Velden
Wörthersee
Gail
KLAGENFURT
St. Georgen i. Gailtal
24
Karnische Alpen
83
Faaker See
Rosegg
E
Faak a. See
A
23
Keutschacher See
Oisternig 2052
111
Gail
2
85
1
A11
St. Jakob i. Rosental
Feistritzer Stausee
A2
Techanting
ITALIEN
Radendorf
E66
E61
Ferlach
85
Feistritz i. Rosental
Route
10 km

Tour-Stationen auf einen Blick

Tourlänge: 204 km

Nr.	Ort	PLZ	GPS-Koordinaten
Ⓐ	Faak am See	A-9583	N 46 33.967 E 13 54.430
2	Techanting	A-9584	N 46 33.668 E 13 50.848
3	Villach	A-9500	N 46 37.423 E 13 51.732
4	Niederdorf	A-9521	N 46 39.167 E 13 52.478
5	Köttwein	A-9521	N 46 40.609 E 13 50.552
6	Puch	A-9721	N 46 39.820 E 13 45.964
7	Feistritz	A-9710	N 46 42.574 E 13 40.301
8	Döbriach	A-9873	N 46 46.106 E 13 38.982
9	Dellach	A-9772	N 46 47.250 E 13 36.982
10	Schloßau	A-9871	N 46 49.982 E 13 31.461

Nr.	Ort	PLZ	GPS-Koordinaten
11	Gmünd	A-9853	N 46 54.093 E 13 32.015
12	Innerkrems	A-9862	N 46 58.178 E 13 43.615
13	Ebene Reichenau	A-9565	N 46 51.275 E 13 53.615
14	Sirnitz	A-9571	N 46 49.448 E 14 04.495
15	Feldkirchen	A-9560	N 46 43.915 E 14 05.712
16	Moosburg	A-9062	N 46 39.717 E 14 10.300
17	Pörtschach	A-9210	N 46 38.214 E 14 08.138
18	Velden	A-9292	N 46 36.327 E 14 00.429
19	Rosegg	A-9232	N 46 35.230 E 14 01.028
Ⓔ	Faak am See	A-9583	N 46 33.967 E 13 54.430

Die Übersicht ist fortlaufend nummeriert und enthält neben den Etappenpunkten zur Orientierung ggf. weitere Orte entlang der Route; Referenzsystem der GPS-Koordinaten: WGS84.

1
5 km
85

Faak am See in südlicher Richtung verlassen, 1 km bis zur Bundesstraße 85. Hier rechts in Richtung Villach, 4 km bis nach Techanting fahren.

Event-Tipp: Der Faaker See wird inzwischen in einem Atemzug mit Daytona oder Sturgis genannt, denn hier treffen sich alljährlich im September die Fans amerikanischen Edelstahls zur Harley-Davidson European Bike Week. Ein besseres Plätzchen hätten sie sich kaum aussuchen können (www.europeanbikeweek.com).

2
8 km
–
83

In Techanting rechts abbiegen und zunächst 2 km bis zur 83, dann rechts auf die Bundesstraße und 6 km bis nach Villach – durch den Ort.

Hotel-Tipp: Übernachtung im gehobenen Stil bietet das motorradfreundliche Romantik-Hotel Post mitten in Villach. Die Zufahrt über die Fußgängerzone zum Hotel ist erlaubt. Im Innenhof des Hauses gibt es einen bewachten Parkplatz.
Romantik-Hotel Post, Hauptplatz 26, A-9500 Villach, Tel. 00 43/(0)42 42/26 10 10, www.romantik-hotel.com €€€

3
4 km
94

Nach Durchfahren des Villacher Zentrums rechts abbiegen und über den Zubringer auf die 94 Richtung Tauern-Autobahn, der Bundesstraße 4 km bis zum Abzweig der 98 folgen.

Strecke: *Stadtdurchfahrt mit viel Verkehr.*

Info: Villach, Kärntens zweitgrößte Stadt, ist bei Touristen vor allem wegen des vielfältigen Kulturangebots und des mediterranen Flairs beliebt. Hier, im Herzen Kärntens, scheint die Sonne statistisch gesehen rund 2100 Stunden im Jahr.

4
4 km
98

Am Kreisel gleich hinter der Autobahn die dritte Ausfahrt auf die Bundesstraße 98 in Richtung Radentheim nehmen, dann 4 km bis Köttwein.

Strecke: *Immer noch viel Verkehr.*

5
7 km
–

In Köttwein links abbiegen und 7 km bis nach Puch fahren.

Strecke: *Landschaftlich reizvolle Strecke durchs Krastal.*

A Villacher Alpenstraße

Info: Von Villach-Möltschach führt eine Geheimtipp-Strecke auf den Dobratsch. Nach 16,5 km, über 116 Kurven und 1182 überwundenen Höhenmetern erreicht die mautpflichtige Alpenstraße die Rosstratte (1732 m). Nach diesem Kurvenrausch würde so mancher Biker gerne hier oben seine Fahrt fortsetzen, aber der Gipfel des Dobratsch (2166 m) muss zu Fuß erklommen werden. Auf der Rückfahrt sollte man einen der nummerierten Rastplätze ansteuern und die fantastischen Panoramablicke auskosten.

Restaurant-Tipp: Am Endpunkt der Villacher Alpenstraße kann man im Rosstrattenstüberl gemütlich einkehren und von den hausgemachten Spezialitäten kosten.

Rosstrattenstüberl, Villacher Alpenstraße, A-9500 Villach, Tel. 00 43/(0)42 42/21 95 17.

6
10 km
–

In Puch an der T-Kreuzung rechts abbiegen und 10 km bis Feistritz.

Strecke: *Entlang der Drau.*

7
9 km
–

In Feistritz links, am Bahnhof vorbei. Nach 0,5 km rechts in Richtung Döbriach abbiegen und der Straße 8,5 km bis zum Millstätter See folgen.

Strecke: *Aussichtsreiche Fahrt.*

8
1,5 km
–

Vor Döbriach links abbiegen Richtung Seeboden/ Dellach, 1,5 km bis zur Bundesstraße 98 fahren.

9
3 km
98

Jetzt links auf die 98 abbiegen und der Bundesstraße 3 km bis nach Dellach folgen.

Strecke: *Am Ufer des Millstätter Sees entlang.*

Ein beliebtes Naherholungsgebiet: der Millstätter See – hier bei Seeboden.

10
11 km
–

In Dellach scharf rechts abbiegen und 11 km über Obermillstadt bis nach Unterhaus fahren.

Strecke: *Schöne Kurvenstrecke bergan mit traumhaften Ausblicken über den Millstätter See.*

Info: Der türkisfarbene Millstätter See mit Umland ist ein beliebtes Kärntner Urlaubsgebiet. Vor allem ans nördliche Seeufer, zu den Ferienorten Seeboden, Döbriach und Millstatt, zieht es die Touristen.

Sehenswert ist das im Jahr 1070 gestiftete ehemalige Kloster Millstatt und seine doppeltürmige, gotisch geprägte Stiftskirche. Das Stiftsmuseum bietet Einblicke in die Geschichte des Klosters, informiert aber auch über die Entwicklung des Marktes Millstatt.

11
11 km
–

In Unterhaus rechts in Richtung Gmünd abbiegen und über Treffling 11 km bis nach Gmünd fahren.

Strecke: *Landschaftlich reizvolle Straße.*

Restaurant- und Hotel-Tipp: Rund 7 km nordwestlich von Gmünd findet man in Malta das Hotel Malteiner Hof, ein schönes Haus abseits des Touristentrubels mit leckerer Küche.

Malteinerhof, A-9854 Malta 39, Tel. 00 43/(0)47 33/206, www.malteinerhof.at €€

Kurventräume werden am Millstätter See wahr.

12
10 km
99

In Gmünd rechts über die Bundesstraße 99 in Richtung Katschberg fahren, 10 km bis Kremsbrücke.

Strecke: *Fahrt durch das wunderschöne Liesertal.*

Info: Gmünd ist ein bedeutendes Kleinod historischer Städtebaukunst. Besonders sehenswert ist die alles überragende Burgruine, oder man schlendert durch eines der vier gewaltigen Stadttore auf den schönen Hauptplatz zu. Seit jeher fühlten sich auch Künstler vom inspirierenden Charme des Städtchens angezogen.

Autoliebhaber sollten in Gmünd das Porsche-Automuseum besuchen. Im einzigen privaten Porschemuseum Europas findet man neben dem »Urporsche« auch Konstruktionen von Austro-Daimler, Steyr und Volkswagen. Ferdinand Porsche lebte und arbeitete von 1944 bis 1950 in Gmünd. Hier entstand das erste Auto, das seinem Familiennamen später große Ehre einbringen sollte: der legendäre Porsche 356. Im Werk Gmünd bauten 300 Mitarbeiter von diesem ersten Typ insgesamt 44 Coupés und acht Cabrios.

Porsche-Automuseum, Riesertratte 4a, A-9853 Gmünd, Tel. 00 43/(0)47 32/24 71, www.auto-museum.at, Mitte Mai–Mitte Okt. tgl. 9–18 Uhr, Mitte Okt.–Mitte Mai 10–16 Uhr.

Malerische Gassen und Sträßchen in Gmünd.

13
10 km
–

In Kremsbrücke rechts in Richtung Nockalm abbiegen und 10 km bis Innerkrems fahren.

Strecke: *Anfahrt zu den Nockbergen durch das Tal der Krems.*

14
34 km
–

Die Nockalmstraße geht rechts in Innerkrems ab, 34 km bis zur Einmündung auf die 95 bei Winkl.

TOP TIPP ***Strecke:*** *Auf der mit paradiesischen Kurven und Kehren gespickten Nockalmstraße durch den Nationalpark Nockberge.*

Info: Den mit 2040 m höchsten Punkt erreicht die Nockalmstraße an der Eisentalhöhe. Hier ist ein kleiner Bikers Point als Treff- und Infopunkt eingerichtet. Trotz der herrlichen Schräglagen sollte man sich Zeit nehmen, ein Auge auf die faszinierende Schönheit der Natur zu werfen. Das Erscheinungsbild der »Nockn« genannten Berge und Kuppen bildet einen unverwechselbaren Kontrast zu den schroffen Hochgebirgsformen des angrenzenden Alpenraums.

Das Almwirtschaftsmuseum Zechneralm an der Nockalmstraße in 1930 m Höhe informiert über Arbeits- und Lebensweise der Almbauern. Ein Bauernmarkt bietet landwirtschaftliche Produkte aus dem Nockgebiet an (www.nationalparknockberge.at).

Über die harte Arbeit auf der Alm informiert das Museum Zechneralm an der Nockalmstraße.

Ein Abschnitt der schönen Nockalmstraße – doch so gemäßigt verläuft die Strecke selten.

Die Nockalmstraße geizt nicht mit landschaftlichen Reizen und ist zudem ein wahres Kurvendorado.

15
2 km
95

An der T-Kreuzung rechts auf die 95 und der Bundesstraße 2 km bis Ebene Reichenau folgen.

Strecke: *Verkehrsreiche Bundesstraße.*

16
18 km
–

In Ebene Reichenau links abbiegen in Richtung Hochrindl und 18 km bis zur Einmündung auf die Bundesstraße 93 hinter Sirnitz fahren.

Strecke: *Teilweise enge Straße durch reizvolle Landschaft.*

17
13 km
93

Jetzt rechts auf die Bundesstraße 93 abbiegen, dann 13 km bis Feldkirchen.

Strecke: *Surf durchs schöne Gurktal.*

18
10,5 km
94
95

Vor Feldkirchen links auf die 94 in Richtung Klagenfurt abbiegen. Nach 1,5 km geradeaus weiter auf die 95 und 9 km bis Moosburg.

Strecke: *Bundesstraße mit hoher Verkehrsbelastung.*

19 | *6 km* | –

In Moosburg rechts und 6 km bis nach Pörtschach fahren.

Strecke: *Schon bald öffnet sich ein schöner Blick auf den Wörthersee.*

20 | *8 km* | 83

In Pörtschach rechts auf die Hauptstraße am Ufer (83) abbiegen und 8 km bis nach Velden.

Strecke: *Am Wörthersee entlang.*

21 | *3 km* | 83

Geradeaus durch Velden, auf der Bundesstraße 83 in Richtung Villach bleiben und 3 km bis Lind ob Velden fahren.

22 | *3 km* | –

Vor Lind links abbiegen, nach 1 km an der T-Kreuzung gleich wieder rechts und weitere 2 km bis Rosegg.

Strecke: *Leider etwas schlecht ausgeschildert.*

Höhenpartie zwischen den Seen.

23
6,5 km
–

In Rosegg rechts abbiegen und 6,5 km bis St. Niklas an der Drau fahren.

Strecke: *Die Straße verläuft parallel zur Autobahn.*

24
6 km
84

In St. Niklas an der Drau im Kreisverkehr die 3. Ausfahrt Richtung Faaker See nehmen und auf die 84 abbiegen. 6 km sind es bis zum Ausgangspunkt Faak am See.

Strecke: *Um den Faaker See herum.*

Info: Der kleine, aber feine Faaker See, idyllisch unterhalb der gewaltigen Bergkulisse der wilden Karawanken und dem sanften Hügelland des Rosen- und Gailtals gelegen, gehört zu den wärmsten Badeseen Kärntens. Er ist auch außerhalb der Harley-Davidson European Bike Week einen Besuch und Badeaufenthalt wert. Wo sonst findet sich eine ähnlich prächtige Kulisse unter meist strahlender Sonne samt stahlblauem Himmel?

Zurück zum Faaker See.

Kirchen, Burgen, Schmankerln

Ostkärnten, Gurktaler Alpen, Turracher Höhe

11

ROUTE 11 Kärnten – Kirchen, Burgen, Schmankerln

Ⓐ **Ausgangsort**
Klagenfurt (A-9020)

Ⓔ **Zielort**
Klagenfurt (A-9020)

229 km ★★★ ★★★

Straßentypen (in Prozent der Streckenlänge)

Landstraße/asphaltierte Nebenstraße	Bundesstraße/Schnellstraße
60	40

■ Landstraße/asphaltierte Nebenstraße
■ Bundesstraße/Schnellstraße

Pass-Überquerungen: 2

Diese Tour können Sie mit Route 10 und 15 kombinieren.

Klagenfurt Tourismus
Neuer Platz 1
A-9010 Klagenfurt
Tel. 00 43/(0)4 63/537 22 23
tourismus@klagenfurt.at
www.klagenfurt-tourismus.at

(→ *weitere Adressen siehe Seite 183*)

Die Turracher und die Flattnitzer Höhe zählen zwar nicht zu den höchsten Alpenpässen, doch kommt der Fahrspaß auch in den Gurktaler Alpen nicht zu kurz. Satte Kurven und gemütliche Passagen wechseln sich ab, am Wegesrand locken urige Gasthöfe mit Kärntner Leckerbissen. Und wer im Südosten Kärntens unterwegs ist, stößt immer wieder auf Spuren des Mittelalters, etwa im Städtchen Friesach oder zu Füßen der Festung Hochosterwitz.

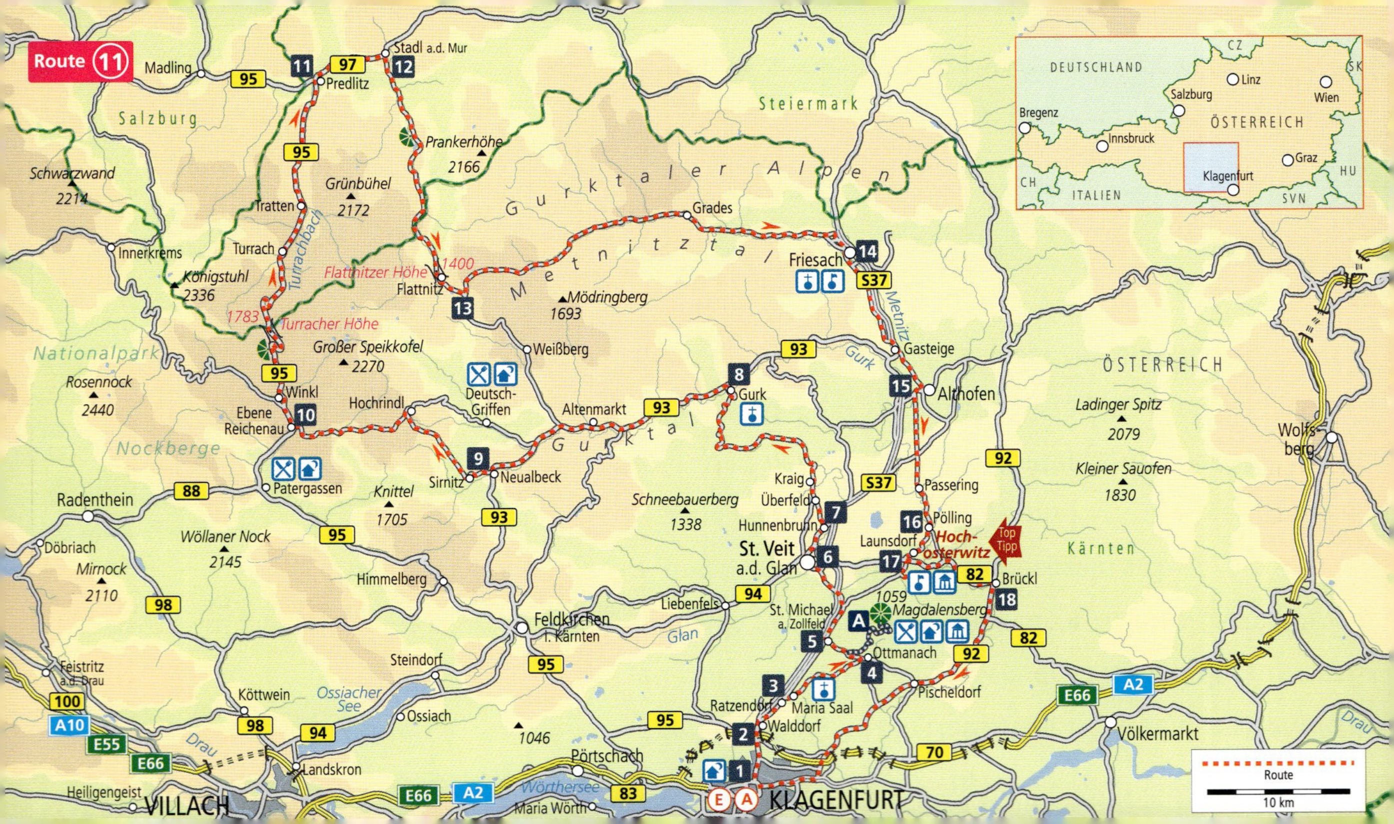
Route 11
Madling
Stadl a.d. Mur
Predlitz
Salzburg
Steiermark
Prankerhöhe
2166
Schwarzwand
2214
Grünbühel
2172
Tratten
Innerkrems
Turrach
Turrachbach
Königstuhl
2336
Flatthitzer Höhe
1400
Flattnitz
Gurktaler Alpen
Grades
Metnitztal
Friesach
Mödringberg
1693
1783
Turracher Höhe
Nationalpark
Großer Speikkofel
2270
Weißberg
Metnitz
Gasteige
Gurk
Rosennock
2440
Winkl
Deutsch-Griffen
Hochrindl
Altenmarkt
Gurktal
Althofen
Ebene Reichenau
Nockberge
Patergassen
Sirnitz
Neualbeck
Kraig
Passering
Radenthein
Knittel
1705
Schneebauerberg
1338
Überfeld
Hunnenbrunn
Pölling
Launsdorf
Hochosterwitz
Top Tipp
Wöllaner Nock
2145
Döbriach
Mirnock
2110
St. Veit a.d. Glan
Himmelberg
Brückl
Magdalensberg
1059
Feldkirchen i. Kärnten
Liebenfels
St. Michael a. Zollfeld
Glan
Ottmanach
Steindorf
Feistritz a.d. Drau
Köttwein
Ossiacher See
Ossiach
Ratzendorf
Maria Saal
Pischeldorf
Walddorf
1046
Drau
Pörtschach
Landskron
Heiligengeist
VILLACH
Wörthersee
Maria Wörth
KLAGENFURT
Völkermarkt
Wolfsberg
ÖSTERREICH
Ladinger Spitz
2079
Kleiner Saualpe
1830
Kärnten
95
97
93
88
98
94
92
82
83
70
100
S37
A10
E55
E66
A2
1
2
3
4
5
6
7
8
9
10
11
12
13
14
15
16
17
18
A
E
DEUTSCHLAND
CZ
SK
Linz
Wien
Salzburg
Bregenz
Innsbruck
Graz
CH
ITALIEN
Klagenfurt
HU
SVN
Route
10 km

Tour-Stationen auf einen Blick

Tourlänge: 229 km

Nr.	Ort	PLZ	GPS-Koordinaten
A	Klagenfurt	A-9020	N 46 37.681 E 14 18.545
2	Walddorf	A-9063	N 46 39.881 E 14 18.953
3	Ratzendorf	A-9063	N 46 40.788 E 14 20.150
4	Maria Saal	A-9063	N 46 40.902 E 14 20.865
5	Ottmanach	A-9064	N 46 42.266 E 14 24.598
6	St. Michael	A-9063	N 46 43.041 E 14 22.492
7	St. Veit an der Glan	A-9300	N 46 45.990 E 14 21.594
8	Hunnenbrunn	A-9300	N 46 47.056 E 14 22.636
9	Gurk	A-9342	N 46 52.423 E 14 17.478
10	Neualbeck	A-9571	N 46 49.440 E 14 04.502

Nr.	Ort	PLZ	GPS-Koordinaten
11	Ebene Reichenau	A-9565	N 46 51.276 E 13 53.624
12	Predlitz-Turrach	A-8863	N 47 04.200 E 13 54.813
13	Stadl an der Mur	A-8862	N 47 05.155 E 13 58.760
14	Flattnitz	A-9363	N 46 56.199 E 14 03.157
15	Friesach	A-9360	N 46 56.438 E 14 25.513
16	Althofen	A-9330	N 46 56.438 E 14 25.513
17	Pölling	A-9314	N 46 46.872 E 14 28.510
18	Burg Hochosterwitz	A-9314	N 46 45.281 E 14 27.182
19	Brückl	A-9371	N 46 44.905 E 14 31.842
E	Klagenfurt	A-9020	N 46 37.681 E 14 18.545

Die Übersicht ist fortlaufend nummeriert und enthält neben den Etappenpunkten zur Orientierung ggf. weitere Orte entlang der Route; Referenzsystem der GPS-Koordinaten: WGS84.

1
5 km
–

Klagenfurt in Richtung St. Veit/Wien auf der St.-Veiter-Straße verlassen, 5 km bis Walldorf.

Info: Klagenfurt liegt mitten im Grünen, hat ein langes Ufer am Wörthersee und vor allem ein wunderbares Stadtbild, in dem sich rund 450 Jahre Stadtgeschichte in ihrer schönsten Ausprägung widerspiegeln. Nirgendwo sonst im südlichen Österreich kann man modernes Leben und Kaffeehaus-Charme in einer historisch wertvollen Altstadt erleben, die aus der Hand italienischer Baumeister stammt.

Hotel-Tipp: Die motorradfreundliche Frühstückspension Zlami im Zentrum von Klagenfurt ist ein guter Ausgangspunkt für diese und andere Touren. Garage und eigener Waschplatz sind vorhanden.

Pension Zlami, Getreidegasse 16, A-9020 Klagenfurt, Tel. 00 43/(0)4 63/554 16, www.hotel-zlami.at €€€

2
1,5 km
–

In Walldorf vor der S37 rechts abbiegen in Richtung Maria Saal und 1,5 km bis Ratzendorf fahren.

Strecke: Nette Nebenstraße parallel zur Schnellstraße S37.

3
7 km
–

In Ratzendorf links abbiegen, dann 7 km über Maria Saal bis Ottmanach.

Info: Die Wallfahrtskirche in Maria Saal erhebt sich wie eine wehrhafte Burg auf einem Hügel im Kärntner Zollfeld. Der Vorgängerbau der Kirche wurde im Jahr 860 das erste Mal urkundlich erwähnt. Maria Saal war damals das geistige und kulturelle Zentrum der Region.
Pfarre Maria Saal, Domplatz 1, A-9063 Maria Saal, Tel. 00 43/(0)42 23/22 54, www.kath-kirche-kaernten.at/mariasaal

4
3 km
–

In Ottmanach links fahren und der Straße 3 km bis St. Michael am Zollfeld folgen.

Strecke: *In dieser Etappe bei Treffelsdorf rechts abbiegen für einen Abstecher zum schönen Magdalensberg.*

5
7 km
–

In St. Michael rechts abbiegen und 7 km bis nach St. Veit an der Glan fahren.

Strecke: *Wieder teilweise parallel zur Schnellstraße.*

A Magdalensberg

Info: Auf dem Magdalensberg genießt man eine grandiose Aussicht weit über Kärnten und kann zudem die mit einer keltischrömischen Stadt größte archäologische Grabungsstätte Österreichs besichtigen.

Archäologischer Park Magdalensberg, Magdalensberg 15, A-9064 Pischeldorf, Tel. 00 43/(0)42 24/22 55, www.landesmuseum-ktn.at, Anf. Mai–Mitte Okt. tgl. außer Mo 9–18 Uhr.

Restaurant- und Hotel-Tipp: Im Gipfelhaus Magdalensberg werden Gourmets mit frischen Spezialitäten verwöhnt. Je nach Saison wechselt die Speisekarte. Übernachten kann man in angenehmen Zimmern oder in einem liebevoll restaurierten Holzhaus, dem »Troadkasten«.

Gipfelhaus Magdalensberg, Magdalensberg 16, A-9064 Pischeldorf, Tel. 00 43/(0)42 24/22 49, www.magdalensberg.com €€

6
2,5 km
94

In St. Veit im Kreisverkehr rechts (1. Ausfahrt) auf die 94 und 2,5 km bis Hunnenbrunn.

Strecke: *Stop-and-go durch die Stadt.*

7
20 km
–

In Hunnenbrunn links abbiegen in Richtung Überfeld/Kraig, dann 20 km bis nach Gurk.

Strecke: *Hübsche, kurvenreiche Straße.*

Info: Der weit über Kärnten hinaus bekannte Dom zu Gurk (1140–1200) ist der bedeutendste romanische Kirchenbau Österreichs. Am besten kann man ihn im Rahmen einer Führung erkunden.
Dom zu Gurk, Domplatz 11, A-9342 Gurk, Tel. 00 43/(0)42 66/82 36 12, www.dom-zu-gurk.at, Führungen tgl. 10.30, 13.30 und 15 Uhr.

8
19 km
93

In Gurk links auf die Hauptstraße, 1 km bis zur 93, dann wieder links Richtung Feldkirchen und 18 km bis zum Abzweig Hochrindl bei Neualbeck.

Strecke: *Talaufwärts durch das schöne Gurktal.*

Echtes Kärntner Bauernland: Im Gurktal stößt man immer wieder auf bezaubernde alte Höfe.

9
18 km
–

Jetzt rechts abbiegen und 18 km über Hochrindl bis nach Ebene Reichenau fahren.

Restaurant- und Hotel-Tipp: Nur 8 km von Hochrindl entfernt in Deutsch-Griffen liegt der familiäre Gasthof Moserwirt. Serviert wird authentische Kärntner Küche. Das Hotel ist idealer Ausgangspunkt für Motorradtouren auf die Turrach und die Nockalmstraße.

Gasthof Moserwirt, Deutsch-Griffen 9, A-9572 Deutsch-Griffen,
Tel. 00 43/(0)42 79/35 60, www.hochrindl.at/moserwirt €€

10
29 km
95

In Ebene Reichenau rechts auf die 95 abbiegen und der Bundesstraße 29 km bis Predlitz folgen.

***Strecke:** Kurvenreich über die Turracher Höhe (1783 m).*

Info: Die Turracher Höhe, die von Kärnten in die Steiermark führt, war einst der Schrecken aller Untermotorisierten. Immerhin schockte die Südrampe früher mit einer saftigen Steigung von bis zu 34 Prozent. Aber diese Zeiten sind längst vorbei.

Restaurant- und Hotel-Tipp: Der auf Biker eingestellte Gasthof Zedlacher im Ort Patergassen südlich von Ebene Reichenau verwöhnt mit gutbürgerlicher Küche. Gemütliche Stube und schöne Zimmer.

Gasthof Zedlacher, Patergassen 3, A-9564 Patergassen, Tel. 00 43/(0)42 75/291 29 €

11
6 km
97

In Predlitz rechts und 6 km auf der Bundesstraße 97 bis nach Stadl an der Mur.

Strecke: *Flussabwärts an der Mur entlang.*

12
20 km
–

In Stadl rechts abbiegen und 20 km in Richtung Flattnitz fahren.

Strecke: *Landschaftlich schöne Bergstraße über die Flattnitzer Höhe (1400 m). Sie ist weniger bekannt als die Turracher Höhe und auch weniger gut ausgebaut.*

13
31 km
–

An der Weggabelung hinter Flattnitz links halten und der Straße 31 km bis nach Friesach folgen.

Strecke: *Schmale Straße bergab durchs Metnitztal.*

Info: Der Bergbau spielte in Flattnitz um das 17. Jahrhundert eine bedeutende Rolle. Im Ort befindet sich noch heute ein Steinkalkofen für die Herstellung von Mauerkalk aus Kalkstein, der aus dieser Zeit stammt. Er ist sehr gut erhalten und lohnt eine Besichtigung.

In Friesach zeichnen sich die Spuren des Mittelalters noch heute im Stadtbild ab.

14
11 km
–

Geradeaus durch Friesach, hinter der Auffahrt zur Schnellstraße rechts, dann 11 km über Gasteige bis nach Althofen.

Strecke: Nebenstraße parallel zur Klagenfurter Schnellstraße S37.

Info: In Friesach, einer der ältesten Städte Kärntens, wo ehedem allerlei Ritter, Fürsten und Bischöfe residierten, wird das Mittelalter lebendig. Es ist ein Abenteuer, die Welt der sagenumwobenen Burgenstadt zu erkunden. Auf Schritt und Tritt stößt man auf Relikte aus längst vergangenen Tagen, etwa die Burganlage, die Stadtmauern, den wasserführenden Stadtgraben, den Fürstenhof mit Getreidespeicher, auf Kirchen und Klöster sowie imposante Chor- und Turmruinen.

15
11 km
–

In Althofen rechts Richtung Passering abbiegen, nach dem Linksknick weiterhin links halten und 11 km bis Pölling fahren.

16
5 km
–

In Pölling rechts, danach gleich links abbiegen und über Launsdorf 5 km bis zur Festung Hochosterwitz.

17
8,5 km
82

Von Hochosterwitz retour zur Bundesstraße 82, hier rechts in Richtung Klagenfurt und 8,5 km bis Brückl fahren.

TOP TIPP

Info: Schon beim Blick auf die alles überragende Festung Hochosterwitz fühlt man sich auf Zeitreise ins Mittelalter versetzt. Die wohl gewaltigste Burg Kärntens, nur wenige Kilometer von Klagenfurt entfernt, wurde im Jahr 860 erstmals urkundlich erwähnt. Eine Besonderheit stellen die 14 Tore dar, die zu passieren sind, wenn man ins Burginnere gelangen will. Auch das ist ein Grund, warum Hochosterwitz niemals erobert wurde – sieht man von den Touristenscharen ab, die Burgberg und Burgmuseum heutzutage täglich stürmen.

Burg Hochosterwitz, A-9314 Launsdorf, Tel. 00 43/(0)42 13/20 10, www.burg-hochosterwitz.or.at, Mitte März–April + Okt. tgl. 9–17 Uhr, Mai–Sept. tgl. 9–18 Uhr.

18
24,5 km
92

In Brückl im Kreisel am Marktplatz die 1. Ausfahrt nehmen, dann 24,5 km auf der Bundesstraße 92 zurück nach Klagenfurt.

***Strecke:** Auf einer Nebenstraße zum End- und Ausgangspunkt der Tour.*

E

Thront auf einem 175 m hohen Felsen: die eindrucksvolle Burg Hochosterwitz.

Da muss man gar nicht lange suchen: Schöne Plätze für eine entspannte Pause gibt es in Kärnten zuhauf.

12

In Mozarts prächtiger Heimat

Durchs Salzkammergut zum Wolfgangsee

Ⓐ **Ausgangsort**
Hallein (A-5400)

Ⓔ **Zielort**
Hallein (A-5400)

120 km ★★★★★ ★★★

Straßentypen (in Prozent der Streckenlänge)

Landstraße/asphaltierte Nebenstraße	Bundesstraße/Schnellstraße
60	40

Pass-Überquerungen: 1

Diese Tour können Sie mit Route 9 kombinieren.

SalzburgerLand Tourismus
Wiener Bundesstraße 23
A-5300 Hallwang
Tel. 00 43/(0)6 62/668 80
info@salzburgerland.com
www.salzburgerland.com

(➔ *weitere Adressen siehe Seite 183/184*)

Das Salzburger Land zählt zweifelsohne zu den landschaftlich reizvollsten Flecken Europas, große Dichter und Komponisten schwärmten ihr Leben lang davon. Dass auch Motorradfahrer – gleichwohl es gar nicht unbedingt hoch hinaus geht – allen Grund für wahrlich exzessive Schwärmereien haben, beweist diese kurze, aber äußerst attraktive Tour. Auf geht's zum Kurvenwalzer ins Salzburger Land!

Route 12
SALZBURG
Schloss Fuschl
Baderluck
Fuschlsee
Fuschl am See
Mondsee
154
151
158
Ebenau
Hinterebenau
Faistenau
St. Gilgen
Wolfgangsee
St. Wolfgang i. Salzkammergut
Vordersee
Hintersee
Wiestal-stausee
150
Elsbethen
Salzach
Grödig
Taxach
Krispl
Wimberg
Gaißau
Lämmerbach
ÖSTERREICH
Salzkammergutberge
Strobl
Bad Ischl
Hallein
DEUTSCHLAND
Salzburg
Osterhorngruppe
Hoher Zinken
1764
Postalm
1195
159
Bad Vigaun
Trattberg Panoramastraße
Trattberg
1757
Top Tipp
St. Koloman
Georgenberg
Wegscheid
Seewald-see
A10
E55
Berchtes-gaden
Schönau
Golling a. d. Salzach
Scheffau a. Tennengebirge
162
552
Pass Lueg
Eisriesenwelt
Werfen
Tennengau
Voglau
Abtenau
Taborberg
1618
Gamsfeld
2027
Oberösterreich
Bad Goisern
145
Traun
Steeg
Hallstätter See
Pass Gschütt
957
Gosau
166
Route
5 km
DEUTSCHLAND
CZ
SK
Linz
Wien
Salzburg
Bregenz
Innsbruck
ÖSTERREICH
Graz
Klagenfurt
CH
ITALIEN
SVN
HU

Tour-Stationen auf einen Blick

Tourlänge: 120 km

Nr.	Ort	PLZ	GPS-Koordinaten
Ⓐ	Hallein	A-5400	N 47 40.953 E 13 06.016
2	Bad Vigaun	A-5424	N 47 39.843 E 13 07.453
3	St. Koloman	A-5423	N 47 38.589 E 13 12.217
4	Georgenberg	A-5431	N 47 36.877 E 13 09.914
5	Golling	A-5440	N 47 35.601 E 13 10.342
6	Voglau	A-5441	N 47 35.629 E 13 18.668
7	Strobl	A-5350	N 47 42.465 E 13 29.626
8	St. Gilgen	A-5340	N 47 46.191 E 13 21.608
9	Fuschl am See	A-5330	N 47 47.745 E 13 18.303
10	Baderluck	A-5322	N 47 48.853 E 13 14.221
11	Vordersee	A-5324	N 47 45.505 E 13 14.516
12	Ebenau	A-5323	N 47 46.838 E 13 10.880
Ⓔ	Hallein	A-5400	N 47 40.953 E 13 06.016

Die Übersicht ist fortlaufend nummeriert und enthält neben den Etappenpunkten zur Orientierung ggf. weitere Orte entlang der Route; Referenzsystem der GPS-Koordinaten: WGS84.

1
3 km
159

Von Hallein auf der Salzachtal-Bundesstraße (159) 3 km in südlicher Richtung bis Bad Vigaun.

Strecke: *Nur kurzfristig über die viel befahrene Bundesstraße, bereits bei Bad Vigaun geht es ab in die Einsamkeit des Tennengaus.*

Info: Hallein hat eine hübsche Altstadt mit reizvollen Barockfassaden und kleinen, verwinkelten Gassen. Sehenswert ist das Keltenmuseum im ehemaligen Salinenverwaltungsgebäude, in dem man auch ein rekonstruiertes Keltendorf besichtigen kann.

Keltenmuseum Hallein, Pflegerplatz 5, A-5400 Hallein, Tel. 00 43/(0)62 45/807 83, www.keltenmuseum.at, tgl. 9–17 Uhr, Keltendorf Nov.–März tgl. 11–15, April–Okt. tgl. 9–17 Uhr.

Restaurant- und Hotel-Tipp: In Hallein ist der Hohlwegwirt fast schon eine Pflichtstation für Biker. Und das nicht nur, um sich vom Chef des Hauses Ernst Kronreif Tourentipps zu holen. Der Wirt empfängt jeden Gast mit viel Herzlichkeit in seiner alten, seit über 130 Jahren im Familienbesitz befindlichen Poststation. Und falls der Abend bei Geschichten und prämierter Kochkunst wieder einmal lang wird, stehen fünf stilvolle Themenzimmer im Gasthof zur Verfügung.

Gasthof Hohlwegwirt, Salzburger Straße 84, A-5400 Hallein-Taxach, Tel. 00 43/(0)62 45/82 41 50, www.hohlwegwirt.at €€

Die Altstadt von Hallein – Startpunkt der Tour.

2
8 km
–

In Bad Vigaun links abbiegen in Richtung Trattberg Panoramastraße, 8 km bis St. Koloman.

Strecke: Gut ausgebaute Landstraße, nahezu frei von Durchgangsverkehr.

3
6 km
–

Geradeaus durch St. Koloman und 6 km talwärts bis zur T-Kreuzung auf die 159 bei Georgenberg fahren.

Strecke: In aller Ruhe bergab durch die Kurven schwingen.

4
3 km
159

Hier links abbiegen und 3 km auf der 159 in Richtung Golling fahren.

Strecke: Viel befahrene Bundesstraße, leider auch mit Schwerlastverkehr, parallel zur A10.

Info: Nicht direkt an der Route, aber es lohnt sich, auf der 159 rund 15 km südwärts nach Werfen zu fahren. Hier kann man in der Eisriesenwelt ein faszinierendes, unterirdisches Eislabyrinth – die größte Eishöhle der Welt – bestaunen.

Eisriesenwelt Werfen, Wimmstr. 24, A-5450 Werfen, Tel. 00 43/(0)64 68/52 48, www.eisriesenwelt.at, Mai–Ende Okt. tgl. 9–15.30, Juli/Aug. bis 16.30 Uhr.

A Trattberg Panoramastraße

TOP TIPP

Info: Die Trattberg Panoramastraße ist eine der schönsten alpinen Sackgassen im Tennengau mit herrlichen Ausblicken auf das umliegende Tennengebirge. Die Zufahrt ist links am Wegesrand ausgeschildert – nicht verpassen! Zwar offiziell erst ab ca. Mai geöffnet, kann man auf der auskömmlich breiten und gut geteerten Straße notfalls vor dem Scheitelpunkt wieder wenden. Und falls dort oben die Enzianhütte geöffnet ist, gibt's viele Gründe für einen kleinen Boxenstopp. Retour auf der Kerzenbrunnstraße Richtung Wegscheid geht es gleich nochmals links ab zum idyllischen Seewaldsee einige Hundert Höhenmeter tiefer. Ein Pausenschmankerl, still und einsam, Bänke laden zum Verweilen und Sonnenbaden ein.

5
13 km
162

Hinter Golling geradeaus, dann links halten und dem Wegweiser Richtung Scheffau folgen. 13 km auf der 162 bis nach Voglau fahren.

Strecke: *Durchgangsstraße mit meistens wenig Verkehr, vorbei an kleinen Dörfern und Bauernhöfen.*

6
29 km
–

In Voglau dem Wegweiser zur Postalm Mautstraße folgen, dazu links von der 162 abbiegen und dem Straßenverlauf 29 km Richtung Strobl folgen.

Strecke: *In weiten, gut ausgebauten Kehren schwingt die Mautstrecke hinauf zur Postalm und gehört im Sommer zu den beliebtesten Bikerstrecken des Salzburger Landes. Tolle Ausblicke inklusive!*

Restaurant-Tipp: Direkt am großen Zentralparkplatz auf der Postalm liegt der Gasthof Lienbachhof – ein beliebter Bikertreff. Die hausgemachten Mehlspeisen und andere original Salzburger Schmankerln schmecken auf der großzügigen Sonnenterrasse doppelt so gut. Vom Gasthof aus beginnen auch beschilderte Wanderrundwege.
Lienbachhof, Postalm, Tel. 00 43/(0)61 37/60 61, www.postalm.at

Tipp: Mozartfestival

Info: Immer im Juli/August grassiert im Salzkammergut das Mozartfieber. Im Mittelpunkt des rund siebenwöchigen Mozartfestivals steht eine Oper des großen Komponisten. Zudem gibt es zahlreiche Konzerte. Spielorte sind Bad Goisern und Hallstatt, rund 30 km südwestlich von St. Wolfgang.
Infos und Tickets unter www.mozartfestival.org

Berühmter Ausblick: der Wolfgangsee als eines der Highlights des Salzkammerguts.

7

14 km

158

Vor Strobl links auf die 158 abbiegen, dann 14 km bis St. Gilgen.

Strecke: *Herrliche Panoramastrecke entlang des Südwestufers des Wolfgangsees mit zahlreichen Ortschaften und noch mehr Einkehrmöglichkeiten.*

Info: Kristallklar und türkis leuchtet der 11,5 km lange und bis zu 2 km breite Wolfgangsee. Den Ort St. Wolfgang am Nordostufer – Schauplatz der berühmten Operette »Im Weißen Rössl« von Ralf Benatzky – erreicht man von hier aus nur mit dem Schiff. Sehenswert ist die Pfarrkirche St. Wolfgang (1429–77) mit ihrer charakteristischen Turmhaube und den im 17. Jahrhundert angefertigten, barocken Malereien im Innern. Auch wer sich erfrischen will, ist am Wolfgangsee am richtigen Ort. Das Wasser ist sehr sauber und im Sommer angenehm warm, es gibt zahlreiche Badeplätze (www.wolfgangsee.at).

Restaurant-Tipp: Landschaftliche und kulinarische Genüsse verbinden kann man im Restaurant Fischer Wirt in St. Gilgen am Wolfgangsee. Das traditionsreiche Haus verwöhnt seine Gäste mit feiner österreichischer Küche und bietet dazu einen grandiosen Seeblick.

Fischer Wirt, Ischlerstraße 21, A-5340 St. Gilgen, Tel. 00 43/(0)62 27/23 04, www.fischer-wirt.at

8

13 km

158

In St. Gilgen am Kreisverkehr die 2. Ausfahrt nehmen, dann 13 km über Fuschl am See (weiterhin auf der 158) bis Baderluck.

Strecke: *Schöne, aber auch viel befahrene Panoramastrecke am Fuschlsee vorbei.*

Restaurant- und Hotel-Tipp: Die Übernachtung im traumhaft hoch über dem idyllischen Fuschlsee gelegenen 5-Sterne-Hotel Schloss Fuschl ist zwar nichts für schmale Geldbeutel, aber einen leckeren Cappuccino oder einen Eisbecher auf der Hotelterrasse bekommt man zu fairen Preisen. Gratis dazu gibt es einen grandiosen Ausblick.

Hotel Schloss Fuschl, Schloss-Straße 19, A-5322 Hof bei Salzburg, Tel. 00 43/(0)62 29/225 30, www.schlossfuschl.at €€€

9

7,5 km

–

Hinter dem Fuschlsee in Baderluck links Richtung Faistenau, dann 7,5 km bis zum Hintersee.

Strecke: *Herrliche Bergstrecke mit grandiosen Ausblicken auf das Salzkammergut und seine Seen.*

Eisbecher mit grandioser Aussicht:
Schloss Fuschl besitzt ein tolles Terrassencafé.

Durch traumhaft gewellte, saftig-grüne Landschaften: Bitte viel Zeit mitbringen, denn Österreichs Landstraßen wollen mit Genuss befahren werden.

10
8 km
–

Vor dem Hintersee, im Ort Vordersee, rechts abbiegen und 8 km auf kleiner Straße bis Ebenau.

Strecke: *Genussvolle Panoramastrecke, da wenig befahren.*

Info: Am weniger bekannten, aber ebenfalls sehr malerischen Hintersee lässt sich die Tour durchs Salzburger Land mit einem erfrischenden Sprung ins Wasser beenden.

Von Ebenau aus startet der Ebenauer Mühlenwanderweg (Weg Nr. 61), ein Natur- und Erlebnisweg, der an zahlreichen, sehenswerten historischen Mühlen vorbeiführt. Auf dem Weg liegt auch die Plötz, ein Naturdenkmal mit eindrucksvollem Wasserfall (www.ebenau.at).

11
15,5 km
–

An der T-Kreuzung vor Ebenau links abbiegen und der Straße 15,5 km zurück nach Hallein folgen.

Strecke: *Vorbei am idyllischen Wiestalstausee geht es retour – mit etwas Zeit lohnt auch der ausgeschilderte, kurvenreiche Schlenker über Gaissau und Krispl.*

E

A Salzburg

Info: Wer im Salzkammergut unterwegs ist, sollte auch der Mozartstadt Salzburg einen Besuch abstatten. Sehenswürdigkeiten gibt es unzählige – so viele, dass man mehrere Tage hier verbringen kann. Wer wenig Zeit hat, sollte bei einer Stadtbesichtigung keinesfalls die Festung Hohensalzburg, Schloss und Park Hellbrunn sowie die eindrucksvolle Getreidegasse verpassen (www.salzburg.at).

Restaurant-Tipp: Echte Salzburger Kaffeehaus-Tradition kann man im Altstadtcafé Tomaselli erleben. Hier bestellt man keinen »Kaffee«, sondern eine der vielen Kaffeespezialitäten. Die Auswahl reicht vom Einspänner über Espresso bis zur Wiener Melange.

Tomaselli, Alter Markt 9, A-5020 Salzburg,
Tel. 00 43/(0)6 62/844 48 80, www.tomaselli.at

Die Salzburger Getreidegasse ist der perfekte Ort zum Bummeln und Einkaufen. Hier befindet sich auch das Geburtshaus von Wolfgang Amadeus Mozart.

Land der Mühlen

Naturpark Mühlviertel, rund um Linz

13

Ⓐ **Ausgangsort**
Steyr (A-4400)

Ⓔ **Zielort**
Steyr (A-4400)

188 km   ★★★   ★★★

Straßentypen (in Prozent der Streckenlänge)

Landstraße/asphaltierte Nebenstraße	Bundesstraße/Schnellstraße
60	40

■ Landstraße/asphaltierte Nebenstraße
■ Bundesstraße/Schnellstraße

Diese Tour können Sie mit Route 14 kombinieren.

Oberösterreich Tourismus Information
Freistädter Straße 119
A-4041 Linz
Tel. 00 43/(0)7 32/727 71 00
tourismus@lto.at
www.oberoesterreich.at

(➔ *weitere Adressen siehe Seite 184*)

Eigentlich gilt das Mühlviertel nördlich von Linz als reine Wanderregion. Doch betrachtet man einmal die Landkarte des Mühlviertels genauer, entdeckt man ein dichtes Netz an winzigen, kurvenreichen Landstraßen, von denen viele zudem noch das berühmte »grüne Band« besonderer Schönheit tragen. Auf den zweiten Blick also doch ein Eldorado für Motorradfahrer? Jawohl. Sie werden es auf dieser Route erleben!

Route 13
TSCHECHISCHE REPUBLIK
ÖSTERREICH
Nieder-österreich
Ober-österreich
Mühl-viertel
Naturpark
DEUTSCHLAND
CZ
SK
Linz
Wien
Salzburg
Bregenz
Innsbruck
Graz
Klagenfurt
CH
ITALIEN
SVN
HU
Liebenau
St. Oswald b. Freistadt
Freistadt
St. Peter
Amesreith
Hirschbach i. Mühlkreis
Reichenau i. Mühlkreis
Hellmonsödt
Langfirling
St. Leonhard b. Freistadt
Gutau
Schönau i. Mühlkreis
Mönchdorf
Pregarten
Gallneukirchen
Bad Zell
Rechberg
Pabneukirchen
LINZ
Top Tipp
Schwertberg
Münzbach
Mauthausen
Au a. d. Donau
Perg
Heinrichsbrunn
Naarn i. Machlande
Enns
Ennsdorf
Kötting
Saxen
Markt St. Florian
Traun
Donau
Wallsee
Herzograd
Weindlau
Ernsthofen
Haag
Enns
Dorf a.d.Enns
Wolfern
Haidershofen
Aschbach-Markt
Steyr
Sieming
St. Peter i.d. Au
Seitenstetten
Ybbs
Route
5 km

Tour-Stationen auf einen Blick

Tourlänge: 188 km

Nr.	Ort	PLZ	GPS-Koordinaten
A	Steyr	A-4400	N 48 02.780 E 14 25.642
2	Haidershofen	A-4431	N 48 04.639 E 14 28.102
3	Ernsthofen	A-4432	N 48 07.837 E 14 29.088
4	Weindlau	A-4432	N 48 08.630 E 14 29.206
5	Kötting	A-4482	N 48 11.933 E 14 29.498
6	Heinrichsbrunn	A-4310	N 48 14.344 E 14 31.904
7	Naarn	A-4331	N 48 13.750 E 14 37.409
8	Perg	A-4320	N 48 14.329 E 14 37.530
9	Bad Zell	A-4283	N 48 20.804 E 14 40.071
10	Schönau	A-4274	N 48 23.890 E 14 43.937

Nr.	Ort	PLZ	GPS-Koordinaten
11	Kreuzung Gutau	A-4293	N 48 24.853 E 14 38.447
12	Langfirling	A-4294	N 48 27.448 E 14 42.145
13	Amesreith	A-4271	N 48 29.697 E 14 39.593
14	Freistadt	A-4240	N 48 30.836 E 14 30.185
15	St. Peter	A-4204	N 48 29.961 E 14 29.139
16	Reichenau	A-4204	N 48 27.224 E 14 21.167
17	Hellmonsödt	A-4202	N 48 25.852 E 14 17.701
18	Linz	A-4017	N 48 17.703 E 14 17.629
19	Enns	A-4470	N 48 12.686 E 14 28.621
E	Steyr	A-4400	N 48 02.780 E 14 25.642

Die Übersicht ist fortlaufend nummeriert und enthält neben den Etappenpunkten zur Orientierung ggf. weitere Orte entlang der Route; Referenzsystem der GPS-Koordinaten: WGS84.

1 — 6 km — 122, 122a — Ⓐ

Steyr an der Enns über die Haratzmüllerstraße (122) und die Haager Straße (122a) Richtung Norden verlassen, 3 km bis zum Kreisel hinter dem BMW-Motorenwerk. Hier die 2. Ausfahrt nehmen und 3 km bis Haidershofen.

Strecke: *Raus aus der Stadt auf Tuchfühlung mit der Enns, die hier die Grenzlinie von Ober- zu Niederösterreich bildet.*

2 — 7 km — –

Hinter Haidershofen links abbiegen und 7 km über Dorf an der Enns nach Ernsthofen fahren.

Strecke: *Kurvenreich geht es entlang des Flusses Enns gen Norden. Hat man die Stadt erst einmal hinter sich gelassen, gehören die winzigen Landstraßen oftmals dem Motorradfahrer allein.*

3 — 9 km — –

In Ernsthofen geradeaus durch den Ort, über den Kreisel (2. Ausfahrt) und 1,5 km Richtung Herzograd. Bei Weindlau links abbiegen und der Straße 7,5 km bis Kötting an der A1 folgen.

Tipp: Steyrtal Museumsbahn

Info: Mit der Steyrtal Museumsbahn, Österreichs ältester 760-mm-Schmalspurbahn, geht es auf 17 km langer Strecke vom Museumsbahnhof in Steyr durch malerische Auenlandschaften zu den Orten Grünburg und Steinbach.

Museumsbahnhof Steyr, Redtenbachergasse 14, A-4400 Steyr, Tel. 00 43/(0)6 64/508 76 64, www.steyrtalbahn.at, Juli–Sept. Sa/So 14, 18.30, Juni–Sept. So 10.30, 14 und 18.30 Uhr.

4 | 1,5 km | –

In Kötting links und 1,5 km bis zur Kreuzung mit der Bundesstraße 1 in Enns-Ennsdorf fahren.

Info: Mit genügend Zeit im Tankrucksack lohnt auch ein Blick in die historische Altstadt von Enns. Prächtige barocke Bürgerhäuser schmücken den malerischen Hauptplatz. Die Stadt bezeichnet sich selbst stolz als älteste Stadt Österreichs, die Stadtrechtsurkunde aus dem Jahr 1212 kann im Ennser Museum besichtigt werden.

Herbstidylle bei Steyr.

5 | 4,5 km | 123

Geradeaus über die Kreuzung auf die 123 und der Straße 4,5 km Richtung Mauthausen folgen.

6 | 7 km | 3 | –

Gleich nach der Donaubrücke in Heinrichsbrunn über die Schlaufe links auf die 3, dann nach 2 km rechts und 5 km über Au bis Naarn im Machlande.

Strecke: *Nahe der Donau geht es flussabwärts.*

7 | 3 km | –

An der T-Kreuzung hinter Naarn links abbiegen und 3 km bis nach Perg fahren.

8
14,5 km
–

Im Zentrum von Perg geradeaus (über beide Kreisel hinweg) und 14,5 km bis Bad Zell.

Strecke: *Beschauliche Fahrt durch den Naturpark Mühlviertel.*

Info: Wackelsteine, vorchristliche Kultplätze sowie viele alte Bauernhöfe, gotische Kirchen, Burgen und Schlösser zeichnen den Naturpark Mühlviertel aus. Im grünen Hügelland findet man zudem interessante Biotop-Typen – von der Magerwiese bis zum Niedermoor.
Naturpark Mühlviertel, A-4324 Rechberg Nr. 9, Tel. 00 43/(0)72 64/46 55 18, www.naturpark-muehlviertel.at

9
8,5 km
–

In Bad Zell rechts auf die Linzer Straße, in den Ort. Nach 0,5 km links in Richtung Schönau abbiegen und der Straße 8 km folgen.

Strecke: *Wellige Strecke durch Wälder und über weite Lichtungen im Herzen des Mühlviertels. Kurvenjagd vom Feinsten!*

10
10 km
–

Hinter Schönau links abbiegen und 10 km in Richtung Gutau fahren bis zu einer T-Kreuzung mitten im Wald.

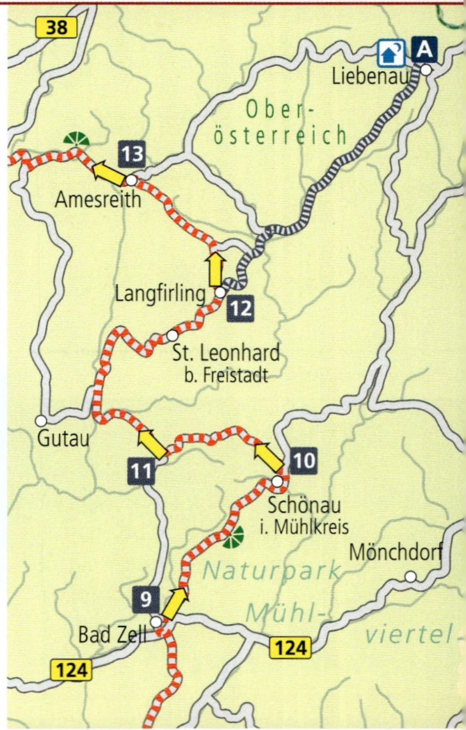

11
10,5 km
–

Hier rechts abbiegen, dann über St. Leonhard bei Freistadt 10,5 km bis Langfirling.

Strecke: *Kurvenreiche Waldpassagen.*

12
6 km
–

In Langfirling links abbiegen, auf kleiner Straße 6 km bis Amesreith.

Strecke: *Entspanntes Cruisen auf abgelegenen Pisten.*

13
14 km
–

In Amesreith an der T-Kreuzung links und 14 km über St. Oswald bis nach Freistadt fahren.

Strecke: *Einsame Landstraßen führen durch den Norden des Mühlviertels, durch verträumte Dörfer und kleine Städte.*

Info: Im Freilichtmuseum Ledermühle in St. Oswald kann man erfahren, woher das Mühlviertel seinen Namen hat. Die Ledermühle (1403) ist die letzte noch erhaltene Mühle im Gemeindegebiet von St. Oswald. Ursprünglich waren es einmal acht an der Zahl. Für die Besucher des Museums dreht sich die Mühle heute sogar wieder.

Freilichtmuseum Ledermühle, Promenade 21, A-4271 St. Oswald bei Freistadt, Tel. 00 43/(0)6 64/144 30 02, www.ooemuseumsverbund.at, Mai–Okt. So 14–16 Uhr.

A Liebenau

Hotel-Tipp: Das MoHo-Hotel Zum Dorfwirt in Liebenau, rund 15 km nordöstlich von St. Leonhard, bietet eine für Biker optimale Ausstattung. Im Wellnessbereich mit Mühlradsauna kann man herrlich entspannen.

MoHo-Hotel Zum Dorfwirt, Liebenau 5, A-4252 Liebenau, Tel. 00 43/(0)79 53/247, www.bikerwirt.at €€

Natürliche Lebensadern: Wasser gehört zum Mühlviertel dazu.

14
3 km
38
310

In Freistadt links auf die 38 (310) und der Straße 1,5 km durch den Ort folgen. Dann rechts und 1,5 km weiterhin auf der 38 bis St. Peter.

Info: In Freistadt gibt es viel zu sehen: Reizvoll ist die gotische Altstadt mit der fast vollständig erhaltenen, mittelalterlichen Stadtbefestigung. Neben den Wehrtürmen diente auch Schloss Freistadt (1363) mit seinem mächtigen Bergfried der Verteidigung der Stadt.

Event-Tipp: Immer samstags kann man auf dem Bauernmarkt am Hauptplatz in Freistadt frisches Obst, Gemüse und andere regionale Spezialitäten direkt von den Erzeugern aus der Umgebung kaufen.

15
16 km
–

In St. Peter links Richtung Reichenau im Mühlkreis abbiegen und der kleinen Straße 16 km folgen.

Strecke: *Es geht in des Wortes kühnster Bedeutung »über die Dörfer«. Genussvolles Kurven-Surfen mit einer Portion Sightseeing.*

16
7 km
–

In Reichenau rechts in den Ort, nach 1 km am Oberen Markt links und 6 km bis Hellmonsödt.

Motorradwandern zwischen verträumten Dörfern und freundlichen Städtchen.

17

15 km

126

In Hellmonsödt links auf die Bundesstraße 126 abbiegen, dann 15 km bis nach Linz.

TOP TIPP **Info:** Linz ist die Landeshauptstadt Oberösterreichs und mit gut 190 000 Einwohnern nach Wien und Graz die drittgrößte Stadt der Alpenrepublik. Während Linz früher als reiner Industriestandort galt, hat sich das Stadtbild in den letzten Jahren doch deutlich gewandelt, und vor allem ein breites, kulturelles Angebot lockt Touristen an. Zu den Linzer Highlights zählen die Wallfahrtsbasilika auf dem Pöstlingberg (1738–1774), die steile Pöstlingbergbahn, der Neue Dom mit dem zweithöchsten Kirchturm Österreichs, der Stadtplatz inklusive Dreifaltigkeitssäule und Altem Rathaus, das Linzer Schloss aus dem Jahr 799 und der Botanische Garten mit immer wechselndem Kultur- und Veranstaltungsprogramm. Im Jahr 2009 teilten sich Linz und das litauische Vilnius den Status der Europäischen Kulturhauptstadt (www.linz.at).

Restaurant- und Hotel-Tipp: Im Herzen der Altstadt liegt der Gasthof Goldener Anker, das älteste Wirtshaus von Linz, mit schönem Biergarten und bodenständiger Küche.

Gasthof Goldener Anker, Hofgasse 5, A-4020 Linz, Tel. 00 43/(0)732/77 10 88, www.oberoesterreich.at/goldener-anker €

Die Pöstlingbergkirche in Linz ist ein Wahrzeichen Oberösterreichs und beliebtes Ausflugsziel.

18
23 km
1

Die Altstadt in Richtung Hauptbahnhof umfahren, Linz über die Wiener Straße verlassen und 23 km der Bundesstraße 1 nach Enns folgen.

Strecke: *Rechts der Donau folgen wir dem Fluss durch den Industriegürtel von Linz nach Enns.*

19
22 km
309
115

In Enns rechts auf die 309 abbiegen und 22 km – später auf der 115 – zurück nach Steyr.

Strecke: *Bundesstraße entlang der Enns, die auch hier die Grenze zwischen Ober- und Niederösterreich markiert.*

Info: Ein Bummel durch die hübsche Altstadt von Steyr ist ein echtes Vergnügen. Der historische Marktplatz vereint Gotik, Renaissance, Barock und Rokoko und ist so schön, dass er sogar mit dem »Europa Nostra«-Preis der Europäischen Union ausgezeichnet wurde.

Restaurant- und Hotel-Tipp: Eine gemütliche Unterkunft mit historischem Ambiente findet man im Hotel Mader direkt im Herzen der Altstadt von Steyr.
Hotel Mader, Stadtplatz 36, A-4400 Steyr, Tel. 00 43/(0)72 52/533 58, www.mader.at €€

E

Städtebauliche Pracht in Steyr.

Grüne Wiesen statt roter Ampeln: Die Straßen in Oberösterreich sind frei von Hektik.

Grüne Wipfel, edle Tropfen

Durchs Wald- und Weinviertel

14

Ⓐ **Ausgangsort**
Ybbs (A-3370)

Ⓔ **Zielort**
Ybbs (A-3370)

298 km ★★★ ★★★

Straßentypen (in Prozent der Streckenlänge)

Landstraße/asphaltierte Nebenstraße	Bundesstraße/Schnellstraße
15	85

Diese Tour können Sie mit Route 13 kombinieren.

Waldviertel Tourismus
Sparkassenplatz 4
A-3910 Zwettl
Tel. 00 43/(0)28 22/541 09
info@waldviertel.at
www.waldviertel.at

(➔ *weitere Adressen siehe Seite 184*)

Niederösterreich ist das vitale Herz des Landes Österreich und das Waldviertel in diesem Vergleich sozusagen dessen ruhiger Vorhof. In dieser Region wurde Österreich dereinst »geboren«. Das Waldviertel ist ideal für den tourenden Entdecker in uns. Abseits der großen Städte geht der Verkehr augenblicklich gegen Null, das abwechslungsreiche Land, die kurvigen Straßen und die sehenswerten Orte gehören dann nahezu uns allein.

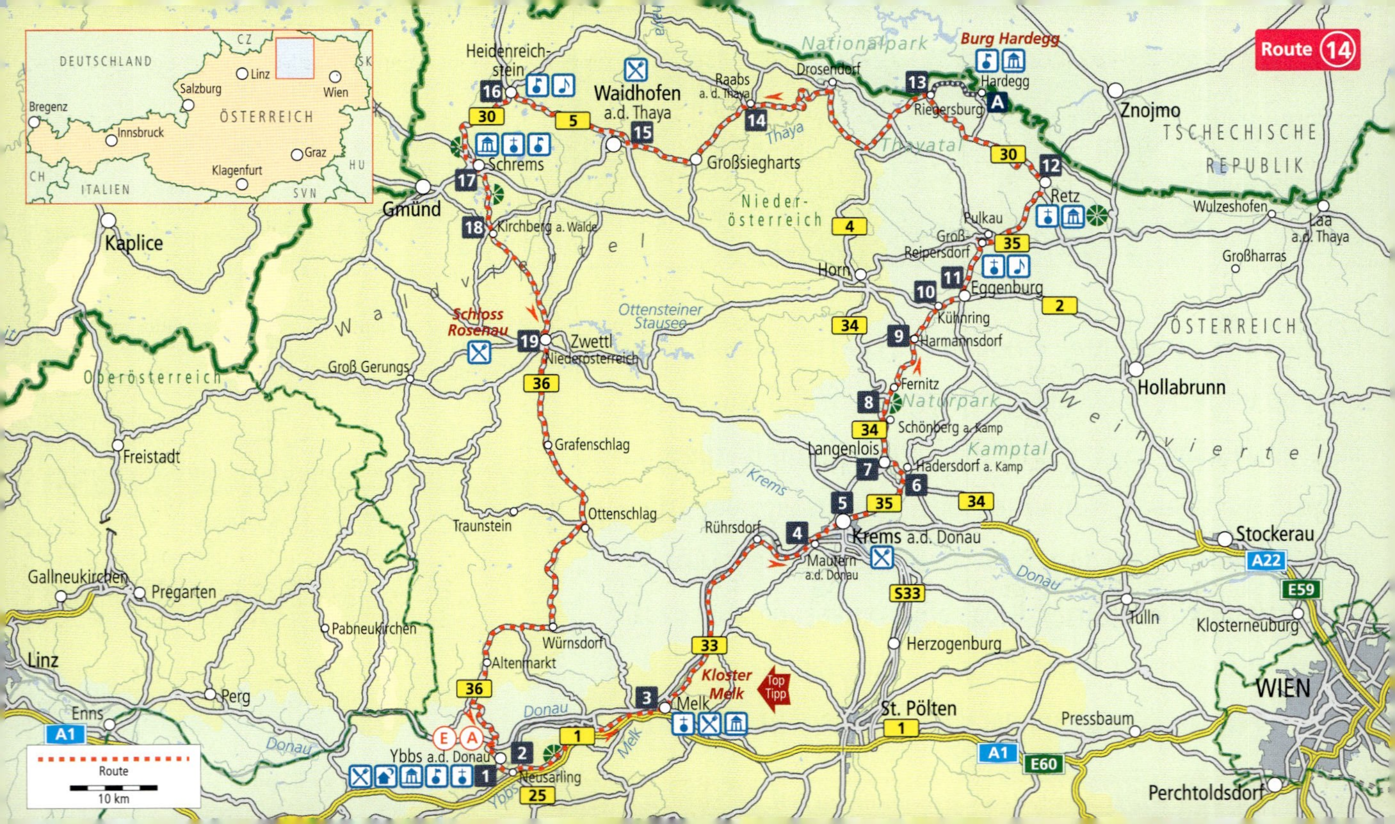

Route 14
Burg Hardegg
Nationalpark
Thayatal
Hardegg
Riegersburg
Drosendorf
Raabs a.d. Thaya
Heidenreichstein
Waidhofen a.d. Thaya
Schrems
Gmünd
Kirchberg a. Walde
Großsiegharts
Nieder-österreich
Znojmo
TSCHECHISCHE REPUBLIK
Retz
Pulkau
Groß-Reipersdorf
Eggenburg
Kühnring
Harmannsdorf
Fernitz
Naturpark
Schönberg a. Kamp
Langenlois
Hadersdorf a. Kamp
Kamptal
Horn
Ottensteiner Stausee
Waldviertel
Schloss Rosenau
Zwettl Niederösterreich
Groß Gerungs
Grafenschlag
Ottenschlag
Traunstein
Würnsdorf
Altenmarkt
Pabneukirchen
Rührsdorf
Mautern a.d. Donau
Krems a.d. Donau
Kloster Melk
Top Tipp
Melk
Ybbs a.d. Donau
Neusarling
Herzogenburg
St. Pölten
Tulln
Klosterneuburg
WIEN
Pressbaum
Perchtoldsdorf
Stockerau
Hollabrunn
Weinviertel
ÖSTERREICH
Wulzeshofen
Laa a.d. Thaya
Großharras
Kaplice
Freistadt
Oberösterreich
Gallneukirchen
Pregarten
Linz
Perg
Enns
Donau
Krems
Thaya
Ybbs
DEUTSCHLAND
CZ
SK
Linz
Wien
Salzburg
Bregenz
ÖSTERREICH
Innsbruck
Graz
CH
Klagenfurt
HU
ITALIEN
SVN
Route
10 km

Tour-Stationen auf einen Blick

Tourlänge: 298 km

Nr.	Ort	PLZ	GPS-Koordinaten
Ⓐ	Ybbs an der Donau	A-3370	N 48 10.615 E 15 04.896
2	Neusarling	A-3373	N 48 09.588 E 15 06.251
3	Melk	A-3390	N 48 13.849 E 15 20.015
4	Mautern	A-3512	N 48 23.728 E 15 34.500
5	Krems an der Donau	A-3500	N 48 24.228 E 15 35.258
6	Hadersdorf	A-3493	N 48 27.716 E 15 43.329
7	Langenlois	A-3550	N 48 28.518 E 15 41.723
8	Schönberg am Kamp	A-3562	N 48 32.549 E 15 41.648
9	Harmannsdorf	A-3713	N 48 35.976 E 15 44.627
10	Kühnring	A-3730	N 48 38.001 E 15 46.833

Nr.	Ort	PLZ	GPS-Koordinaten
11	Eggenburg	A-3730	N 48 38.624 E 15 49.224
12	Retz	A-2070	N 48 45.460 E 15 57.280
13	Riegersburg	A-2092	N 48 51.113 E 15 46.491
14	Raabs an der Thaya	A-3820	N 48 50.900 E 15 29.524
15	Waidhofen	A-3830	N 48 48.553 E 15 18.368
16	Heidenreichstein	A-3860	N 48 51.896 E 15 07.213
17	Schrems	A-3943	N 48 47.591 E 15 04.160
18	Kirchberg am Walde	A-3932	N 48 43.579 E 15 05.372
19	Zwettl-Niederöster.	A-3910	N 48 36.541 E 15 10.296
Ⓔ	Ybbs an der Donau	A-3370	N 48 10.615 E 15 04.896

Die Übersicht ist fortlaufend nummeriert und enthält neben den Etappenpunkten zur Orientierung ggf. weitere Orte entlang der Route; Referenzsystem der GPS-Koordinaten: WGS84.

1

3 km

25

Von Ybbs an der Donau in Richtung Autobahn, 3 km auf der 25 bis zum Kreisverkehr bei Neusarling.

Info: Malerische Gassen und prächtige Bürgerhäuser aus dem 15. und 16. Jahrhundert kennzeichnen die Altstadt von Ybbs. Sehenswert sind die spätgotische Stadtpfarrkirche St. Lorenz, die Alte Stadtburg, die historische Stadtbefestigung mit dem Friedrichsturm sowie das Rathaus und das Stadtmuseum (www.ybbs.at).

Restaurant- und Hotel-Tipps: Eine gemütliche Bleibe direkt an der Donau ist der Gasthof Fischerhaus mit 12 Zimmern und gutbürgerlicher Küche. Hübsch, zwischen Ortszentrum und der Donaubrücke, liegt auch der Gasthof Lindenhof mit schmackhafter Küche.

Gasthof Fischerhaus, Stauwerkstraße 71, A-3370 Ybbs an der Donau,
Tel. 00 43/(0)74 12/54 44 30, www.fischer-haus.at €

Gasthof Lindenhof, Stauwerkstraße 45, A-3370 Ybbs an der Donau,
Tel. 00 43/(0)74 12/530 03, www.tiscover.at/lindenhof.ybbs €

2

20 km

1

Im Kreisel die 2. Ausfahrt nehmen und – über einen weiteren Kreisel – auf die Bundesstraße 1, dann 20 km bis Melk fahren.

***Strecke:** Bundesstraße, aber entlang der schönen, blauen Donau.*

Start zu einer Tour ins Waldviertel, in dem es auch Weinreben gibt.

3
31,5 km
33

In Melk die 1 links verlassen und auf die 33 Richtung Krems abbiegen. Der Bundesstraße 31,5 km bis Mautern folgen.

Strecke: *Am rechten Donauufer folgen wir dem Fluss in einem weiten Bogen durch kleine, verträumte Ortschaften.*

TOP TIPP **Info:** Im März 1089 wurde das imposante Kloster Melk hoch über der Donau von Benediktinermönchen bezogen. 1297 zerstörte ein Großbrand die Abtei samt der wertvollen Bibliothek. Ein Ereignis, das Umberto Eco in seinem berühmten Roman »Der Name der Rose« spannend verarbeitet hat. Erst lange Zeit nach dem Dreißigjährigen Krieg wurde Melk zu dem, was es einst war: eine blühende klösterliche Gemeinschaft. Der großartige Barockbau Jakob Prandtauers entstand in den Jahren 1702–1736. Heute gehört das Stift Melk zum UNESCO-Welterbe und ist eine absolute Top-Sehenswürdigkeit.

Stift Melk, Abt-Berthold-Dietmayr-Straße 1, A-3390 Melk, Tel. 00 43/(0)27 52/55 50, www. stiftmelk.at, März–Nov. tgl. 9–16.30/17.30, im Winter nur Führungen 11, 14 Uhr.

Restaurant-Tipp: Stärken kann man sich nach der Klosterbesichtigung im Restaurant in der Orangerie des Stifts Melk. Im Gartenpavillon des Stiftsparks gibt es auch ein nettes Kaffeehaus.

Stiftsrestaurant Melk, Abt-Berthold-Dietmayr-Straße 3, A-3390 Melk, Tel. 00 43/(0)27 52/525 55.

Barocke Perle und UNESCO-Welterbe: Stift Melk.

4
3 km
33a

In Mautern rechts zur Donaubrücke (33a), im Kreisel die 3. Ausfahrt nehmen und über die Brücke, dann sofort rechts und 2,5 km über die Steiner Donaulände nach Krems hineinfahren.

Restaurant-Tipp: Haubenlokale gehören zu Österreich wie die Donau. Das Restaurant Kaiser von Österreich in Krems trägt seine Haube von Gault Millau schon seit 1992. Das Feinschmeckerlokal liegt direkt im Herzen der Kremser Altstadt in einem historischen Gebäude am malerischen Körnermarkt gegenüber der Dominikanerkirche.
Kaiser von Österreich, Körnermarkt 9, A-3500 Krems, Tel. 00 43/(0)27 32/860 01, www.kaiser-von-oesterreich.at

5
11,5 km
35

Geradeaus über den Kreisel durch Krems und 11,5 km auf der 35 bis nach Hadersdorf am Kamp.

Strecke: *Immer geradeaus durch Wiesen und Flure.*

6
3 km
34

In Hadersdorf am Kreisel auf die 34 abbiegen (5. Ausfahrt) und 3 km bis Langenlois fahren.

Strecke: *Kurzes Verbindungsstück.*

Stimmungsvolle Fahrt durch den Morgennebel des Waldviertels.

7
8,5 km
34

In Langenlois im Kreisel rechts (1. Ausfahrt). Auf der 34 bleiben und über Schönberg 8,5 km bis zur Abzweigung nach Fernitz/Eggenburg.

Strecke: *Immer am Flüsschen Kamp entlang schwingt die winzige Landstraße Richtung Norden durch den herrlichen Naturpark Kamptal.*

Info: Der Fluss Kamp, seine Windungen und seine Auen prägen die Landschaft des Naturparks Kamptal im südöstlichen Waldviertel am Übergang zum Weinviertel. Der Name des Gewässers geht auf das keltische Wort »kambos« zurück, was so viel wie »krummer Fluss« bedeutet. Den genussvollen Rahmen zur kurvigen Fahrt liefern die Weine der Region, die in der Alten Schmiede, dem Informationszentrum des Naturparks, verkostet werden können.

Alte Schmiede Weinverkostung und Informationszentrum, Hauptstraße 36, A-3562 Schönberg am Kamp, Tel. 00 43/(0)27 33/764 76, www.naturparke.at

8
8,5 km
–

Am Abzweig rechts fahren und der Straße 8,5 km bis Harmannsdorf folgen.

Strecke: *Einsames Sträßchen durch eine liebliche Kulturlandschaft.*

9
5,5 km
–

Die Bundesstraße 4 vor Harmannsdorf kreuzen, in Harmannsdorf zweimal rechts, 5,5 km bis Kühnring.

10
3,5 km
2

In Kühnring rechts auf die Bundesstraße 2 abbiegen, 3,5 km sind es bis Eggenburg.

Info: Klein, aber fein präsentiert sich der Ort Eggenburg. Prächtige Giebelhäuser aus der Renaissance gibt es hier zu sehen, historische Säulen und Brunnen findet man auf dem großen Hauptplatz. Dahinter das Wahrzeichen der Stadt, die Pfarrkirche St. Stephan. Sehenswert ist auch die lange, vollständig erhaltene Stadtmauer Eggenburgs.

Event-Tipp: Immer im Juli/August findet in Eggenburg ein Kino-Open-Air der ganz besonderen Art statt. Zwischen den Mauern und Türmen der alten Stadtmauer erstreckt sich die 84 qm große Leinwand. Richtig romantisch wird es dann bei Einbruch der Dunkelheit, wenn Fackeln auf der Stadtmauer entzündet werden.

Programm und Kartenverkauf: Tourismus-Information Eggenburg, Krahuletzplatz 1, A-3730 Eggenburg, Tel. 00 43/(0)29 84/340 01, www.mondscheinkino.eggenburg.at

11
18 km
35
45

In Eggenburg im Kreisel auf die 35 Richtung Pulkau (3. Ausfahrt) abbiegen, 7 km bis Groß-Reipersdorf. Hier an der T-Kreuzung rechts und 11 km über die 45 und 35 bis Retz.

Strecke: *Relativ verkehrsarme Bundesstraße durch Wald und Weinberge.*

12
20 km
30

In Retz am zweiten Kreisel die 3. Ausfahrt nehmen, nach 0,5 km links halten und 19,5 km auf der 30 bis Riegersburg fahren.

Info: Der Marktplatz von Retz gilt als einer der schönsten und größten Österreichs. Durch das Tor des Verderberhauses gelangt man in ein Ensemble aus wunderbar restaurierten Barock- und Biedermeierbauten entlang historischer Kopfsteinpflastergassen. Vom Turm der Pfarrkirche hat man einen herrlichen Blick auf all die Pracht. Unter dem Marktplatz erstreckt sich der Retzer Erlebniskeller, mit 21 km Länge und 30 m Tiefe der größte Weinkeller Mitteleuropas.

Erlebniskeller Retz, Hauptplatz 30, A-2070 Retz, Tel. 00 43/(0)29 42/27 00, www.erlebniskeller.at, Führungen Mai–Okt. tgl. 10.30, 14 und 16 Uhr, März–April und Nov.–Dez. 14 Uhr, Jan.–Feb. Sa/So/Fei 14 Uhr.

Vom Retzer Kirchturm kann man die barocke Schönheit des Städtchens überblicken.

13
28 km
30

Geradeaus durch Riegersburg 13 km nach Drosendorf, hier links, dann 15 km, weiterhin auf der 30, bis nach Raabs an der Thaya fahren.

Strecke: Abwechslungsreiche Thayatal-Bundesstraße mit schnellen Geradeauspassagen und flotten Kurven.

Info: Das eindrucksvolle Thayatal mit steilen Felswänden und sanften Wiesen, mit natürlichen Laubwäldern und einer faszinierenden Tierwelt erlangte im Jahr 2000 den Status eines Nationalparks.
Nationalparkhaus, A-2082 Hardegg, Tel. 00 43/(0)29 49/700 50, www.np-thayatal.at

14
17,5 km
–

In Raabs links und 17,5 km über Groß-Siegharts bis nach Waidhofen an der Thaya.

Strecke: Motorradwandern zwischen Wald und Wiesen.

Restaurant-Tipp: Auch bei Bikern beliebt ist die Konditorei Schützner in Waidhofen – das einzige Café der Stadt und vermutlich der ganzen Region, in dem es Wiener Schnitzel als Eiskreation gibt.
Café-Konditorei Schützner, Böhmgasse 24, A-3830 Waidhofen/Thaya, Tel. 00 43/(0)28 42/526 20, www.schuetzner.at

A Burg Hardegg

Info: Folgen Sie in Riegersburg unbedingt dem Wegweiser zur Burg Hardegg, einem 8-km-Abstecher nicht nur für Ritter und Burgfräuleins. Hoch über dem Flüsschen Thaya erhebt sich die gewaltige Trutzburg alsbald vor unserem Windshield, ihre Grundmauern sollen bis auf das 10. Jahrhundert zurück datierbar sein. Großteile der noch original ausgestatteten Räume sind nur im Rahmen von Gruppenführungen begehbar. So auch das bei Besuchern beliebte Maximilian von Mexiko Museum und die prächtige Waffensammlung in der Rüstkammer. Doch auch von außen macht das einstige Bollwerk gegen den Osten mächtig viel her.
Burg Hardegg, A-2092 Riegersburg 1, Tel. 00 43/(0)29 16/400, www.burghardegg.at, April–Mitte Nov. tgl. 9–17 Uhr, Juli und Aug. bis 19 Uhr.

15
16,5 km
5

Vor Waidhofen rechts auf die 5 auffahren und der Bundesstraße 16,5 km bis Heidenreichstein folgen.

Strecke: *Flotte Fahrt auf der Waidhofener Bundesstraße.*

Info: Etwa um das Jahr 1160 muss es gewesen sein, als die Grundmauern von Burg Heidenreichstein im Auftrag des Burggrafen Heidenreich von Gars errichtet wurden. Bis heute nur über zwei Zugbrücken zu betreten, hinterlässt die Burg einen gewaltigen Eindruck auf den Besucher. Als gut geschützte Wasserburg war sie im Mittelalter eine weithin bekannte Minnesängerburg, ihre Herrscher huldigten dieser hoch ritualisierten Form der gesungenen Liebeslyrik, die den gesamten westeuropäischen Adel begeisterte.

Wasserburg Heidenreichstein, Schremser Straße 1, A-3860 Heidenreichstein, www.heidenreichstein.gv.at, Mitte April–Mitte Okt. Di–So.

Event-Tipp: Die Freilichtaufführungen der Bühne Heidenreichstein im stimmungsvollen Ambiente des Burghofs bzw. Pfarrhofs gehören seit Jahren zu den Fixpunkten des Waldviertler Kultursommers. Gegeben werden neben anderen Produktionen populäre Stücke wie »Arsen und Spitzenhäubchen« oder »Die Schatzinsel« (www.buehne-hstein.at).

Wasserburg Heidenreichstein.

16
11 km
30

In Heidenreichstein links auf die 30 abbiegen und der Straße 11 km bis nach Schrems folgen.

Strecke: *Kurvenreiche Landstraße durch lichte Wälder und über weite Ebenen.*

Info: Die Altstadt von Schrems lohnt einen Boxenstopp. Die Sehenswürdigkeiten der Stadt präsentieren sich am »Kulturweg«, der im Stadtzentrum beginnt und über den Vereinsberg zum Schloss und zur Stadtpfarrkirche führt. Zudem hat sich Schrems als Kunst- und Kulturstadt etabliert. Das IDEA-Haus vereint unter seinem Dach große Ausstellungsräume mit interessanten Veranstaltungen, die bekannte Porzellanmanufaktur und großzügige Verkaufsräume mit Produkten aus der ganzen Welt.

IDEA Designcenter GmbH, Mühlgasse 7, A-3943 Schrems,
Tel. 00 43/(0)28 53/77 10 40, www.idea-design.at

17
9 km
–

In Schrems bis zum Hauptplatz, hier rechts abbiegen und 9 km bis Kirchberg am Walde fahren.

Strecke: *Wälder, Wiesen, Teiche: Das Waldviertel zeigt sich von seiner malerischsten Seite.*

18
16 km
–
36

Vor Kirchberg rechts abbiegen und der Straße durch den Ort hindurch 16 km – später auf der Bundesstraße 36 – bis nach Zwettl-Niederösterreich folgen.

Strecke: *Weiterhin genussvolles Cruisen.*

Restaurant-Tipp: Als Tourabschluss sollte man ein echtes kulinarisches Highlight nicht verpassen: Der Heurige-Meierhof in Schloss Rosenau, 8 km westlich von Zwettl, serviert hausgemachte, deftige Schmankerl aus der Region, wie z. B. Waldviertler Knödl, G'selchtes, Schweinsbraten aus dem Holzofen oder knuspriges Spanferkel. Gespeist wird in urig-gemütlicher Atmosphäre.

Heuriger-Meierhof, A-3924 Schloss-Rosenau 7, Tel. 00 43/(0)28 22/584 94, www.heuriger-meierhof.at

19
64 km
36

In Zwettl im zweiten Kreisverkehr rechts Richtung Ybbs an der Donau (2. Ausfahrt) und 64 km auf der Bundesstraße 36 zurück zum End- und Ausgangspunkt der Tour.

Strecke: *Anfangs noch recht einsame Bundesstraße, in Donaunähe zahlreiche Ortsdurchfahrten.*

Entspanntes Motorradeln auf den schönsten Straßen des Waldviertels.

Den Hochalpen schon ganz nah

Region Graz, Feistritz- und Mürztal

15

ROUTE 15 — Steiermark – Den Hochalpen schon ganz nah

Ⓐ **Ausgangsort**
Bruck (A-8600)

Ⓔ **Zielort**
Bruck (A-8600)

268 km ★★★★ ★★★★

Straßentypen (in Prozent der Streckenlänge)

Landstraße/asphaltierte Nebenstraße	Bundesstraße/Schnellstraße
50	50

■ Landstraße/asphaltierte Nebenstraße
■ Bundesstraße/Schnellstraße

Pass-Überquerungen: 2

Diese Tour können Sie mit Route 11 kombinieren.

Steirische Tourismus GmbH
St. Peter Hauptstraße 243
A-8042 Graz
Tel. 00 43/(0)3 16/400 30
info@steiermark.com
www.steiermark.com.

(→ *weitere Adressen siehe Seite 184*)

Mit der Steiermark gehen wir zum Abschluss wieder auf Tuchfühlung mit hochalpinem Territorium. Diese Tour kombiniert die Vielfalt des zweitgrößten österreichischen Bundeslandes perfekt – und das in höchstem Maße kurvenreich. Zwar ist sie sowohl von ihrer Länge als auch von ihren fahrerischen Anforderungen anspruchsvoll, bietet aber nicht nur rasante Kurvenjagd, sondern zudem viel Genuss inmitten prächtiger Natur.

Route 15
DEUTSCHLAND
CZ
SK
Linz
Wien
Salzburg
ÖSTERREICH
Bregenz
Innsbruck
Graz
HU
CH
ITALIEN
Klagenfurt
SVN
Wegscheid
Niederalpl-Pass
Niederalpl
1221
Mürz
Frein a.d. Mürz
Mürzsteg
Preiner Gscheid
1100
Prein a.d. Rax
Breitenstein
Gloggnitz
Orthof
Aschbach
1981
Hohe Veitsch
Kapellen
Spital a. Semmering
Semmering
Top Tipp
Kirchberg
Seewiesen
Mürzsteger Alpen
Steinhaus a. Semmering
Fröschnitzsattel
1273
Feistritz
Mürzzuschlag
Steiermark
Langenwang
1368
Pfaffensattel
Pretulalpe
1656
Niederösterreich
Krieglach
Schwöbing
Aflenz Kurort
Wartberg i. Mürztal
Rettenegg
ÖSTERREICH
Etmißl
Thörl
Kindberg
Stanz i. Mürztal
St. Kathrein a. Hauenstein
Leopersdorf
Mürztal
Einöd
Kapfenberg
Fischbacher Alpen
Burg Oberkapfenberg
Fischbach
Friedberg
Feistritztal
Trofaiach
Bruck a.d. Mur
Vorau
Leoben
Niklasdorf
Gasen
Pernegg
Hochlantsch
1720
Sommeralm
Birkfeld
Offenegg
Mur
Mixnitz
St. Michael i. Obersteiermark
St. Kathrein a. Offenegg
Passail
Krammersdorf
Hartberg
Schrems b. Frohnleiten
Frohnleiten
Buchberg
Graz
Route
10 km
A9
E57
116
S6
S36
S35
20
23
72
64
E59
A2

Tour-Stationen auf einen Blick

Tourlänge: 268 km

Nr.	Ort	PLZ	GPS-Koordinaten
A	Bruck an der Mur	A-8600	N 47 24.389 E 15 16.690
2	Frohnleiten	A-8130	N 47 15.998 E 15 19.669
3	Passail	A-8162	N 47 16.878 E 15 30.857
4	Krammersdorf	A-8162	N 47 16.721 E 15 34.422
5	Offenegg	A-8172	N 47 20.542 E 15 37.024
6	Baierdorf bei Anger	A-8184	N 47 17.480 E 15 41.144
7	Birkfeld	A-8190	N 47 21.207 E 15 42.019
8	Fischbach	A-8654	N 47 26.345 E 15 39.175
9	Kindberg	A-8650	N 47 29.572 E 15 25.887
10	Mürzzuschlag	A-8680	N 47 36.453 E 15 40.275

Nr.	Ort	PLZ	GPS-Koordinaten
11	Steinhaus	A-8685	N 47 37.040 E 15 46.332
12	Semmering	A-2680	N 47 37.974 E 15 49.818
13	Breitenstein	A-2673	N 47 39.398 E 15 49.098
14	Orthof	A-2673	N 47 40.202 E 15 47.433
15	Prein an der Rax	A-2654	N 47 40.630 E 15 46.503
16	Kapellen	A-8691	N 47 38.790 E 15 37.870
17	Mürzsteg	A-8693	N 47 40.538 E 15 29.528
18	Wegscheid	A-8634	N 47 41.020 E 15 19.402
19	Kapfenberg	A-8605	N 47 26.688 E 15 17.668
E	Bruck	A-8600	N 47 24.389 E 15 16.690

Die Übersicht ist fortlaufend nummeriert und enthält neben den Etappenpunkten zur Orientierung ggf. weitere Orte entlang der Route; Referenzsystem der GPS-Koordinaten: WGS84.

1

25,5 km

S35

Von Bruck an der Mur auf der S35 südwärts (in Richtung Graz) 25,5 km bis nach Frohnleiten fahren.

Strecke: *Weit gefasste Rechts-links-Kombinationen stimmen auf die kommende Tour ein.*

Restaurant- und Hotel-Tipp: Beim Brücklwirt in Niklasdorf, nur wenige Kilometer westlich von Bruck, erwartet die Gäste viel steirische Gastlichkeit in schöner, erholsamer Lage.

Gasthof Brücklwirt, Leobener Straße 90, A-8712 Niklasdorf/Leoben,
Tel. 00 43/(0)38 42/817 27, www.bruecklwirt.co.at €€

2

27 km

64

In Frohnleiten rechts von der Schnellstraße abfahren und über den Kreisel auf die 64. Der Bundesstraße 27 km über Passail Richtung Weiz folgen.

Strecke: *Höchst kurven-, ja sogar kehrenreiche Strecke durch das grüne Herz der Steiermark, vorbei an verträumten Dörfern und über panoramareiche Höhenrücken.*

3
13 km
–

Bei Krammersdorf links in Richtung Haslau abbiegen, 13 km bis Offenegg.

Strecke: *Entspanntes Fahren auf kleinerer Straße.*

4
10 km
–

In Offenegg rechts halten und 10 km bis zur Einmündung auf die Bundesstraße 72 fahren.

Strecke: *Schwungvolle, oftmals auch schmale Landstraße durch dichten Wald, über Höhenrücken und Lichtungen.*

5
9 km
72

An der Bundesstraße 72 links abbiegen und der Straße 9 km bis nach Birkfeld folgen.

Strecke: *Die Bundesstraße windet sich durch das anmutige Feistritztal.*

Event-Tipp: Jedes Jahr in der 1. Oktoberwoche wird im kleinen Birkfeld die Intermusica, ein Gipfeltreffen hochkarätiger Blasmusiker aus der ganzen Welt, veranstaltet. Vor Publikum treten Solisten und Orchester im zünftig-musikalischen Wettstreit gegeneinander an (www.intermusica.at).

A Graz

Info: Sie ist mit gut 250 000 Einwohnern die zweitgrößte Stadt Österreichs, eine bedeutende Universitätsstadt und war 2003 sogar Kulturhauptstadt Europas. Nicht zuletzt zählt die Grazer Altstadt zum UNESCO-Welterbe. Wahrlich sträflich wäre es deshalb, das sehenswerte Graz bei dieser Tour vollkommen links liegen zu lassen. Die wechselvolle Geschichte der Stadt lässt sich heute vor allem in der eindrucksvollen Grazer Altstadt noch hautnah spüren. Rund um den Schlossberg – der übrigens 700 Jahre lang eine niemals eingenommene Festung war – liegen die Sehenswürdigkeiten, die sich am besten mit einem Rundgang zu Fuß erkunden lassen (www.graz.at).

6
1,5 km
72

In Birkfeld hinterm Bahnhof links abbiegen, dann 1,5 km – weiterhin auf der 72 – bis zur Abzweigung nach Fischbach fahren.

Info: Mit Volldampf durchs Feistritztal: Die Fahrt mit der Feistritztalbahn von Weiz über Anger nach Birkfeld ist ein nostalgisches Abenteuer. An die schnaufende Dampflokomotive sind alte, noch aus der Gründerzeit der Bahn stammende Personenwagen mit Holzbänken angehängt. Ohne Hast und Eile, fern vom Alltag, durchquert der Zug die landschaftlich besonders reizvolle Region der Oststeiermark. Ein eigener Barwagen, die »Bummelzugschenke«, ist immer mit dabei (www.feistritztalbahn.at).

7
10,5 km
–

Hier links abbiegen und der Straße 10,5 km bis Fischbach folgen.

Strecke: *Nebenstraße, zuerst durch Wiesen und Flure, dann kurvenreich durch ein ausgedehntes Waldstück.*

A Abkürzung: Pfaffensattel und Fröschnitzsattel

Info: Von Birkfeld auf der 72 geradeaus, vor St. Kathrein am Hauenstein dann die Bundesstraße 72 verlassen und geradeaus weiterfahren nach Rettenegg, über Pfaffensattel und Fröschnitzsattel bis nach Steinhaus am Semmering, insgesamt 42 km Fahrstrecke (80 km sind es auf der Hauptroute).

8
22,5 km
–

Geradeaus durch Fischbach und 22,5 km bis nach Kindberg fahren.

Strecke: *Aussichtsreiche, meist verkehrsarme Etappe durch das idyllische Mürztal.*

Restaurant- und Hotel-Tipp: Schinkenstrudl, Schwammerlstrudl, Käsestrudl, Krautstrudl, Försterstrudl, Spinatstrudl – nicht enden will die Liste der Strudlvariationen auf der Speisekarte des Fischbacher Strudlwirts. Mit vollem Bauch kann man sich dann in einem der märchenhaften Fremdenzimmer von der Schlemmerei erholen.

Strudlwirt, Fischbach 16, A-8654 Fischbach, Tel. 00 43/(0)31 70/209, www.strudlwirt.at €

9
23,5 km
–
23

In Kindberg im Kreisel die 1. Abfahrt nehmen und 2 km durch den Ort. Jetzt rechts abbiegen und 23 km – später auf der 23 – bis Mürzzuschlag.

Strecke: *Wir folgen parallel dem Verlauf der Schnellstraße S6.*

Info: Die berühmte Semmeringbahn von Gloggnitz über den Semmering nach Mürzzuschlag gilt als wichtigster Meilenstein in der Geschichte der Eisenbahn. Die erste normalspurige Gebirgsbahn Europas fuhr erstmals 1854 und zählt seit 1998 zum UNESCO-Welterbe.

Entdeckungstour durch das Mürztal.

10
11 km
–

In Mürzzuschlag im Kreisel rechts (1. Ausfahrt) auf die Frachtenstraße, dann links auf die Wiener Straße. Jetzt 10 km über Spital bis Steinhaus.

Strecke: *Verläuft parallel zur Semmering-Schnellstraße S6.*

11
5 km
–

Geradeaus durch Steinhaus fahren, 5 km bis in das historische Zentrum von Semmering.

Info: Adel verpflichtet: Seit dem 19. Jahrhundert ist der Semmering ein beliebtes Sommer- wie Winter-Urlaubsdomizil der »feinen Gesellschaft« Wiens. In den oftmals mondänen, sehenswerten Villen des Kurortes gastierten nicht nur Habsburger Kaiser, sondern auch Schriftsteller und berühmte Musiker (www.semmering.at).

TOP TIPP **Event-Tipp:** 1899 wurde das erste Semmering-Bergrennen ausgetragen, eine inzwischen legendäre Motorsportveranstaltung, die heutzutage als Oldtimer-Rallye immer noch lebt und gelebt wird. Die Semmering-Bergrennstrecke wird zudem von zahlreichen anderen Rallyes angefahren oder für Oldtimertreffen genutzt.
Informationen: www.oldtimer-termine.net

Die Steiermark – grüne Lunge Österreichs.

Die Traditionsrennstrecke Semmering.

12
6,5 km
–

In Semmering links abbiegen und 6,5 km bis nach Breitenstein fahren.

Strecke: *Höchst kurven- und kehrenreiche Bergstrecke mit zum Teil herrlichen Ausblicken auf die Bergwelt des Semmering.*

13
5 km
–

Vor Breitenstein links abbiegen in Richtung Prein an der Rax und 5 km bis Orthof fahren.

Strecke: *Kurvenfreudiges Fahren jenseits der Bergrennstrecke.*

14
3 km
–

Nach Orthof scharf links abbiegen, dann der Straße 3 km bis Prein an der Rax folgen.

15
17 km
–

An der T-Kreuzung vor Prein links fahren, 17 km bis Kapellen.

Strecke: *Viele Kurven, zahlreiche Kehren über den 1100 m hohen Preiner Gscheid. Selbst im Sommer vergleichsweise wenig Verkehr – so muss es sein.*

16
13,5 km
23

In Kapellen rechts auf die Bundesstraße 23 wechseln und ihr 13,5 km bis Mürzsteg folgen.

Strecke: *Die Bundesstraße windet sich durch das Tal der Dürn.*

17
16,5 km
–

In Mürzsteg geradeaus in Richtung Niederalpl, dann 16,5 km bis Wegscheid.

Strecke: *Über den Niederalpl-Pass (1221 m).*

Info: Der Niederalpl-Pass ist eine äußerst beliebte Bikerstrecke. Er führt über die karge, baumlose Hochebene mit einigen bewirtschafteten Berghütten als Einkehrmöglichkeiten. Das Niederalpl ist auch Ausgangspunkt für schöne Wanderungen auf die Hohe Veitsch.

Restaurant- und Hotel-Tipp: Beliebter Bikertreff vor dem Tourengenuss auf der Niederalpl ist der Freinerhof in Frein, etwas nördlich von Mürzsteg. Es gibt ein spezielles Übernachtungsangebot für Biker inklusive Garagenplätze.

Gasthof Freinerhof, Frein Nr. 2, A-8694 Frein/Mürz, Tel.00 43/(0)38 59/810 20, www.freinerhof.at €

Es müssen nicht immer Kurven sein: Geradeaus-Ritt durch die Steiermark.

18
42 km
20

In Wegscheid links auf die 20, der Bundesstraße 42 km bis nach Kapfenberg folgen.

Strecke: *Gut ausgebaute Strecke, im Sommer allerdings verkehrsreich.*

Restaurant- und Hotel-Tipp: Wenn man hinter dem Ort Thörl rechts von der 20 abbiegt, gelangt man zum Familien- & Romantikhotel Etmißlerhof, das müde Biker nach langer Fahrt mit einem entspannenden, umfangreichen Wellnessprogramm verwöhnt.

Romantikhotel Etmißlerhof, A-8622 Etmißl 43, Tel. 00 43/(0)38 61/84 44, www.etmisslerhof.at €€

Info: Die vor 1328 erbaute Burg Oberkapfenberg liegt hoch über der Stadt Kapfenberg und gibt noch heute ein beeindruckendes Bild ab. Mitte des 16. Jahrhunderts im Stil der Renaissance um- und ausgebaut, verfiel die Burg seit 1739. Im Jahr 1955 feierte die Ruine dann ihre Wiederauferstehung als Burghotel. Heute ist sie gut besucht, Attraktionen sind das Burgrestaurant, die Burgschenke, die Greifvogelschauen, Ritterfeste und andere Veranstaltungen.

Burg Oberkapfenberg, Schlossberg 1, A-8605 Kapfenberg, Tel. 00 43/(0)38 62/273 09, www.narrenfreiheit.at

19
6 km
116

In Kapfenberg rechts auf die Bundesstraße 116 abbiegen, 6 km bis zum Ausgangsort Bruck.

E

NÜTZLICHE ADRESSEN

Route 1 (→ *siehe Seite 8*)

Montafon Tourismus GmbH
Montafoner Straße 21
A-6780 Schruns
Tel. 00 43/(0)55 56/72 25 30
info@montafon.at
www.montafon.at

Tourismusverband Paznaun–Ischgl
Hausnummer 39
A-6563 Galtür
Tel. 00 43/(0)5 09 90/200
info@galtuer.com
www.galtuer.com

Bludenz Tourismus
Werdenbergerstraße 42
A-6700 Bludenz
Tel. 00 43/(0)55 52/63 62 12 60
tourismus@bludenz.at
www.bludenz.at

Route 2 (→ *siehe Seite 18*)

Vorarlberg Tourismus
Poststraße 11, Pf. 99
A-6850 Dornbirn
Tel. 00 43/(0)55 72/337 03 30
info@vorarlberg.travel
www.vorarlberg.travel/

TVB Naturparkregion Reutte
Untermarkt 34
A-6600 Reutte
Tel. 00 43/(0)56 72/623 36
info@reutte.com
www.reutte.com

Bregenzerwald Tourismus
Gerbe 1135
A-6863 Egg
Tel. 00 43/(0)55 12/23 65
info@bregenzerwald.at
www.bregenzerwald.at

Touristinfo Bad Hindelang
Am Bauernmarkt 1
D-87541 Bad Hindelang
Tel. 083 24/89 20
info@hindelang.net
www.hindelang.net

Route 3 (→ *siehe Seite 28*)

Garmisch-Partenkirchen-Tourismus
Richard-Strauss-Platz 1a
D-82467 Garmisch-Partenkirchen
Tel. 088 21/18 07 00
tourist-info@gapa.de
www.garmisch-partenkirchen.de

Tourismusverband Imst-Gurgltal
Johannesplatz 4
A-6460 Imst
Tel. 00 43/(0)54 12/691 00
info@imst.at
www.imst.at

Ötztal Tourismus
Gemeindestr. 4
A-6450 Sölden
Tel. 00 43/(0)57/200
info@oetztal.com, www.oetztal.com

Tourismusbüro Sellrain
Rothenbrunn 40
A-6181 Sellrain
Tel. 00 43/(0)52 30/244
sellrain@innsbruck.info
www.innsbruck.info/sellrain

Route 4 (→ *siehe Seite 38*)

Tourismusverband Sterzing
Stadtplatz 3
I-39049 Sterzing
Tel. 00 39/04 72/76 53 25
info@infosterzing.com
www.sterzing.com

Tourismusverein Passeiertal
Passeirerstraße 40
I-39015 St. Leonhard in Passeier
Tel. 00 39/04 73/65 61 88
info@passeiertal.it
www.passeiertal.it

Ötztal Tourismus
Gemeindestr. 4
A-6450 Sölden
Tel. 00 43/(0)57/200
info@oetztal.com, www.oetztal.com

Route 5 (→ *siehe Seite 48*)

Tourismusverband Heiligenblut
Hof 4
A-9844 Heiligenblut
Tel. 00 43/(0)48 24/20 01
office@heiligenblut.at
www.heiligenblut.at

Tourismusverein Olang
Florianiplatz 19
I-39030 Olang (BZ)
Tel. 00 39/04 74/49 62 77
info@olang.com
www.olang.info

Tourismusverband Eisacktal
Großer Graben 26a
I-39042 Brixen
Tel. 00 39/04 72/80 22 32
info@eisacktal.com
www.eisacktal.com

Innsbruck Tourismus
Burggraben 3
A-6021 Innsbruck
Tel. 00 43/(0)5 12/598 50
office@innsbruck.info
www.innsbruck.info

Route 6 (→ *siehe Seite 62*)

Osttirol Werbung GmbH
Albin-Egger-Straße 17
A-9900 Lienz
Tel. 00 43/(0)50/21 22 12
info@osttirol.com
www.osttirol.com

Tourismusverband Lesachtal
A-9653 Liesing 29

Tel. 00 43/(0)47 16/242 12
info@lesachtal.com
www.lesachtal.com

Tourismusverein Antholzertal
Mittertal 81
I-39030 Antholz
Tel. 00 39/04 74/49 21 16
www.antholz.com

Route 7 (➔ *siehe Seite 70*)

Tourismusbüro Kötschach-Mauthen
Rathaus 390
A-9640 Kötschach-Mauthen
Tel. 00 43/(0)47 15/85 16
info@koemau.com
www.koemau.com

Osttirol Werbung GmbH
Albin-Egger-Straße 17
A-9900 Lienz
Tel. 00 43/(0)50/21 22 12
info@osttirol.com, www.osttirol.com

Tourismusverein Innichen
Pflegplatz 1
I-39038 Innichen (BZ)
Tel. 00 39/04 74/91 31 49
info@innichen.it
www.hochpustertal.info

Route 8 (➔ *siehe Seite 84*)

Tourismusinformationsbüro Gitschtal
A-9622 Weissbriach 202
Tel. 00 43/(0)42 86/219
gitschtal@ktn.gde.at
www.gitschtal.at

Gemeindeamt St. Stefan im Gailtal
Schmölzing 7
A-9623 St. Stefan im Gailtal
Tel. 00 43/(0)42 83/21 20
st.stefan-gailtal@ktn.gde.at
www.st.stefan-gailtal.at

Stadtgemeinde Spittal an der Drau
Burgplatz 5
A-9800 Spittal an der Drau
Tel. 00 43/(0)47 62/565 00
stadt.spittal@spittal-drau.at
www.spittal-drau.at

Route 9 (➔ *siehe Seite 96*)

Tourismusverband Heiligenblut
Hof 4
A-9844 Heiligenblut
Tel. 00 43/(0)48 24/20 01
office@heiligenblut.at
www.heiligenblut.at

Gemeinde Winklern Tourismus
Winklern 9
A-9841 Winklern
Tel. 00 43/(0)48 22/227 20
tourismus@winklern.at
www.winklern.at

Tourismusbüro Flattach
Flattach 99
A-9831 Flattach
Tel. 00 43/(0)47 85/615
info@flattach.at
www.flattach.at

Tourismusverband St. Johann-Alpendorf
Ing.-Ludwig-Pech-Straße 1
A-5600 Sankt Johann
Tel. 00 43/(0)64 12/60 36
info@sanktjohann.com
www.sanktjohann.com

Route 10 (➔ *siehe Seite 106*)

Villach / Faaker See / Ossiacher See Tourismus GmbH
Töbringer Straße 1
A-9523 Villach-Landskron
Tel. 00 43/(0)42 42/420 00
office@region-villach.at
www.da-lacht-das-herz.at

Infocenter Millstätter See
Thomas-Morgenstern-Platz 1
A-9871 Seeboden
Tel. 00 43/(0)47 66/370 00
info@millstaettersee.at
www.millstaettersee.at

Tourismusverband Lieser- und Maltatal
Hauptplatz 20
A-9853 Gmünd
Tel. 00 43/(0)47 32/22 22
info@familiental.com
www.familiental.com

Touristikverein Nockberge
Innerkrems-Eisentratten
A-9861 Eisentratten
Tel. 00 43/(0)47 32/27 72
office@innerkrems-eisentratten.at
www.innerkrems.at

Route 11 (➔ *siehe Seite 120*)

Tourismusbüro Gurk
Dr.-Schnerich-Straße 12
A-9342 Gurk
Tel. 00 43/(0)42 66/81 25 27
gurk@ktn.gde.at
www.gurk.at

Tourismusverein Turracher Höhe
A-8864 Turracher Höhe 218
Tel. 00 43/(0)42 75/83920
info@turracherhoehe.at
www.turracherhoehe.at

Tourismusinformation Friesach
Fürstenhofplatz 1
A-9360 Friesach
Tel. 00 43/(0)42 68/22 13 40
tourismusinformation@friesach.at
www.friesach.at

Route 12 (➔ *siehe Seite 132*)

Tennengau
Mauttorpromenade 8
A-5400 Hallein
Tel. 00 43/(0)62 45/700 50
info@tennengau.com
www.tennengau.com

NÜTZLICHE ADRESSEN

Wolfgangsee Tourismus Gesellschaft
Au 140
A-5360 St. Wolfgang
Tel. 00 43/(0)61 38/80 03
info@wolfgangsee.at
www.wolfgangsee.at

Tourismusverband Faistenau
Am Lindenplatz 1
A-5324 Faistenau
Tel. 00 43/(0)62 28/23 14
faistenau@fuschlseeregion.com
www.faistenau.at

Route 13 (→ *siehe Seite 144*)

Tourismusverband Steyr
Stadtplatz 27
A-4402 Steyr
Tel. 00 43/(0)72 52/53 22 90
info@steyr.info, www.steyr.info

Tourismusverband Naarn im Machlande
Pergerstraße 2
A-4331 Naarn im Machlande
Tel. 00 43/(0)72 62/582 55
gemeinde@naarn.ooe.gv.at
www.naarn.at

Tourismusverband Mühlviertler Kernland
Hauptplatz 14
A-4240 Freistadt
Tel. 00 43/(0)79 42/75 70 00
kernland@oberoesterreich.at
www.freistadt-tourismus.at

Tourismus & Stadtmarketing Enns GmbH
Hauptplatz 19
A-4470 Enns
Tel. 00 43/(0)72 23/827 77
gaby@agora-linz.at
www.tse-enns.at

Route 14 (→ *siehe Seite 156*)

Tourismusinformation Ybbs
Stauwerkstraße 86
A-3370 Ybbs
Tel. 00 43/(0)74 12/552 33
www.donau.com

Waldviertel Tourismus
Sparkassenplatz 4
A-3910 Zwettl
Tel. 00 43/(0)28 22/541 09
info@waldviertel.at
www.waldviertel.at

Tourismusbüro Waidhofen
Schlossweg 2
A-3340 Waidhofen an der Ybbs
Tel. 00 43/(0)74 42/51 12 55
tourismus@waidhofen.at
www.waidhofen.at

Route 15 (→ *siehe Seite 170*)

Stadtmarketing Bruck an der Mur
Koloman-Wallisch-Platz 1
A-8600 Bruck an der Mur
Tel. 00 43/(0)38 62/89 01 21
www.bruckmur.at

Tourismusverband Kindberg
Hauptstraße 44
A-8650 Kindberg
Tel. 00 43/(0)38 65/37 64
tourismus@kindberg.at
www.kindberg.at

Tourismusbüro Kurverwaltung
Passhöhe 248
A-2680 Semmering
Tel. 00 43/(0)26 64/200 25
tourismus@semmering.gr.at
www.semmering.at

!

EU-Notruf: 112 *(Fest- und Mobilfunknetz, Nummer einheitlich für alle EU-Mitgliedstaaten)*
Polizei-Notruf Österreich: 133
Unfallrettung Österreich: 144

ADAC

ADAC Pannenhilfe aus dem Ausland: +49 / 89 / 22 22 22
ADAC Notrufstation Wien: (01) / 251 20 60 *(bei Anwahl aus Wien ohne Vorwahl 01)*
ADAC Notrufstation Wien aus dem Mobilfunknetz: +43 / 1 251 20 60
Informationen ADAC Fahrsicherheitstraining: 018 05 / 12 10 12 *(14 Cent/Min. aus dem deutschen Festnetz)*

www.adac.de/motorrad
www.adac.de/motorradtouren

Kurven- und Gipfelträume werden wahr in Österreich – hier bei Hintertux in Tirol.

REGISTER

REGISTER

REGISTER

IMPRESSUM

Autoren

Frank Klose (Routen 2, 3 und 5)
Nick Lass (Routen 6–11)
Heinz E. Studt (Routen 1, 4 und 12–15)

Impressum

Ein ADAC Motorradführer in Zusammenarbeit mit dem Bruckmann Verlag
Neubearbeitete Auflage 2011

Projektleitung: Dr. Hans-Joachim Völse
Produktmanagement: Jens van Rooij, Claudia Hohdorf
Lektorat: Stefan Feldhoff, Feldhoff & Martin, Merxleben
Redaktionelle Mitarbeit: Susanne Rott, Anette Späth
Covergestaltung: Parzhuber und Partner, München
Layout/Satz: Eva Klaffenböck, grafikatelier luk, München
Kartografie: Anneli Nau, nau-kartoGraphik, München
Repro: Cromika s.a.s., Verona; Herstellung: Thomas Fischer
Printed in Italy by Printer Trento S.r.l.
ISBN: 978-3-89905-726-3

Bildnachweis

Coverbild: Hermann Erber/LOOK
Fotos im Innenteil: Frank Klose: 18–37, 48–61 (außer siehe weitere Bilder); Nick Lass und Frank Klose: 4 (l+r), 5 (l+r), 6 (l), 7, 62–131 (außer siehe weitere Bilder); Heinz E. Studt: 4 (M), 6 (M+r), 8–17, 38–47, 132–181 (außer siehe weitere Bilder). Weitere Bilder im Innenteil: 5 (M): Harley-Davidson Presse-Service; 39, 43: Snowdog/Wikimedia (public domain); 60: Österreich Werbung/Diejun; 77: Österreich Werbung/KHS/Reinhard; 79 (o): Österreich Werbung/Mallaun; 94 (u): Kärnten Werbung/Weissensee; 95, 112: Österreich Werbung/Bartl; 96: Österreich Werbung/Popp Hackner; 107 (l), 119: Harley-Davidson Presse-Service; 126: Österreich Werbung/Kluppenegger; 136: Österreich Werbung/Wiesenhofer; 143: Österreich Werbung/Diejun; 153: Österreich Werbung/Porizka; 161: Österreich Werbung/Jezierzanski; 185: Österreich Werbung/Fankhauser.

Zuschriften an

ADAC Verlag GmbH, 81365 München
tourbooks-motorrad@adac.de

Mehr erleben, besser reisen ... mit ADAC Reiseführern!
ADAC Reiseführer plus
Österreich
TOP TIPPS
ADAC UrlaubsKarte plus
Österreich
1:600 000
Mit Sehenswürdigkeiten
ADAC Reiseführer plus kombinieren Top-Reiseführer mit perfekten Cityplänen, Länder- oder Urlaubskarten.
→ 144 bzw. 192 Seiten, in praktischem Klarsicht-Set
→ pro Band 350 bis 600 Sehenswürdigkeiten, 140 bis 180 brillante Abbildungen
Überall, wo es Bücher gibt, und beim ADAC.
www.adac.de/shop
© Foto Benicce – Fotolia.com

Tirols schönste
Panoramastraße
TIROL SÜDTIROL
2509 m
TIMMELSJOCH – PASSO ROMBO
NEU!
"Die Timmelsjoch Erfahrung"
Passmuseum und Granat – sowie weitere Architektur-Skulpturen ziehen den Reisenden in ihren Bann und erweitern seinen Horizont.
timmelsjoch
passorombo
www.timmelsjoch.com

Motorradurlaub
in den Alpen
Alle Infos im Web:
www.moho.info
Die 37 besten Adressen in Österreich und Italien
MOHO
MOTORRAD HOTELS
GRATIS-KATALOG unter Tel. 0043 6542 80480-29 oder
www.moho.info